天下文化
BELIEVE IN READING

一生金錢無虞平衡理財法

Balanced and Holistic Investment
for a Fulfilled Life

周行一 著

目 錄
Contents

自序
有效的人生理財規劃，
才有平衡充實的人生

　　我很驚訝地觀察到，很多二十來歲的年輕學生做人生理財規劃時，絕大多數以「想要有的生活」做為規劃方向，最常見的是計畫買房、買車、環遊世界、五十歲時開咖啡廳等，有高比例的年輕人忘記規劃在人生不同階段的不同需求，比方進修、結婚、生子或退休生活等。多數學生比較關心近期內的事情，像是房租、買車，而且很高比例的同學沒有規劃要生小孩，考慮生小孩的比率大概只有 20％，也未認真思考退休規劃。

　　雖然人們總是關注眼前的問題，很少思考長遠的未來，但這種「短視（myopia）」，會造成生命在轉瞬間度過，等到匆匆忙忙過完大半生，驀然回首，才發現自己「忽略了最重要的事……真希望能從頭再活一次！」所以常聽有經驗的人講，千金難買早知道！事後諸葛或是後見之明雖然對未來有殷鑑作用，但對已經消逝的人生毫無撫慰效果。

　　因此不論我們身處人生哪個階段，都需要增加「遠視（farsightedness）」，尤其是現代醫學可以幫助人們長壽，更需要在財務上取得穩定，才能活得平衡、充實，也才會有健康快樂的長壽人生。唯有平衡與充實，人生才會是快樂的，平衡是在事業、家庭、身心健康上都能兼顧，充實是覺得生命有意義。生命是一點一滴逐步累積的，雖然應該活在當下，但是「未來」與當下同樣重要，怎樣結合現在與未來，讓人生愈過愈好，需要規劃，而且需要有健康的財務資源。

　　絕大多數人知道財務對人生的重要性，也知道傳統的選股與擇時理財方式經常得不償失，但環顧周圍的朋友，實際從「投資」當中得到健康的財務資源或變成「成功」的散戶可謂鳳毛麟角。因此，一般人必須有一個系統可以用來規劃充實平衡的人生，同時有一套適合自己的理財方式以達成所規劃的人生，這個規劃系統必須要合理，理財方法必須要簡單，大家才能實踐。

　　為了幫助一般人解決理財方面的苦惱，讓理財幫助大家獲得平衡充實的人生，個人基於長期的研究與教學心得，發展出「行珩全人均衡系統」（以下簡稱「全人均衡系統」），結合人生規劃與理財規劃，完成個人理財循環──也就是人生理財規劃、資產配置、執行人生理財規劃，以及資產配置的管理與調整。

　　本書將會分享「全人均衡系統」的核心概念，以及當中最重要的理財規劃心法「八喜法則」，讓讀者了解規劃與實踐平衡充實人生的理財觀念與原則，掌握化繁為簡的投資方法，進而活出平衡充實的人生。最後的附錄也會解說「全人均衡系統」這個軟體，幫助大家了解如何以實際的工具規劃人生，掌握人生理財目標，更有效率地做好人生投資。

　　祝大家都能擁有一個平衡充實的快樂人生！

2023 年 5 月 16 日於台北

致謝

　　我是個工作狂，嚴重到很怕放假，有很長一段時間，搞不懂為什麼每到假日，別人很歡愉，我卻頭痛欲裂，可是上班日一到，頭就不痛了，後來才知道是因為假日不能工作，讓我很焦慮而頭痛。可想而知，我不是一個願意花足夠時間陪家人的父親、丈夫與兒子。這種不平衡的生活，代價很高，我的小孩經常抱怨童年沒有得到爸爸足夠的關注。

　　但家人沒有放棄我，不斷給我機會學習與改善，我的研究與教學領域剛好也給我機會理解一般人的投資心態與行為。我發現，人無法單靠投資發財，更不會因為只有財富或者事業而快樂，可是對「錢」又很焦慮。家人給我改變的機會，「等」我許多年，讓我終於想通了：充實又平衡的人生才讓人真正快樂。事業成功讓人感到充實，但是缺乏該有的快樂，這種快樂必須來自於人生的平衡，而理財的目的必須是幫助我們達到平衡充實的人生。

　　除了家人，在此也要向長年支持我寫作的天下文化

致謝，感謝他們提供專業協助。此外，這本新書的完成，尤其要特別感謝我的學生徐政義教授、詹淑惠博士、華漣儒博士，以及給我許多意見的同儕朋友們，尤其是騏璣資訊公司的謝竣翔董事長及電腦工程人員，和成千上萬的學生、讀者和演講聽眾給我的啟發，因為大家相信「全人均衡理財」對社會很有意義，才有這本書的誕生。

第 **1** 堂課

想要美好人生，
就要及早規劃

如果我告訴你，想要投資理財成功，必須從人生規劃開始，你可能覺得莫名其妙，但這真的是我的肺腑之言，也可能是你這一生中有關理財必須理解的最重要觀念之一。

我研究與教授投資學三十年，經常演講與接觸許多對投資理財有興趣的人，我發現幾乎所有人都對投資理財有興趣，錢少的人如此，富有的人也不例外。幾乎對所有的投資人而言，投資理財之目的就是獲利，賺的錢愈多愈好，因為相信錢愈多，就可以滿足愈多的欲望，或是解決愈多的問題，從而會愈幸福快樂。

活得有意義，一定比較快樂

有很多研究都談到，讓人快樂的因素基本上很一致，就是：有人生理想、有喜歡的職涯、有幸福的家庭、身心健康，當然，還要有錢用，這是一種平衡充實的人生。

我看過許多不會投資的人比熱衷投資的人快樂，因為他們的快樂來源不是投資的成功，而來自於他們的事業、家庭、健康與朋友等。而且我發覺事業好的人，理財的結果通常比較好，因為他們沒有花時間在無謂的投

資理財活動上，他們也因事業好，投資管道與資訊來源比一般人好。後面我將解釋：為何花許多功夫投資理財的人，他們的投資績效通常比簡簡單單投資市場指數型商品的人差。

你一定同意，健康的人比孱弱的人更容易事業成功，所以健康（包括身體與心理）顯然是投資理財成功的重要因素之一。家庭美滿的人通常也比較會理財，我的意思不是他們一定比較有錢，而是他們知道如何理財，讓生活過得去，在錢財之外、家庭之中找到幸福快樂的來源，而且他們的物質生活也通常愈來愈好，因為家庭成員互相支持，尤其是父母愛子女，培育他們青出於藍，而且子女也是激勵父母努力的泉源。

當然，世上沒有永保巔峰的事業、無瑕的健康、完美的家庭，靜止的人生不會讓人快樂，進步是我們快樂的泉源。早上進辦公室，老闆誇讚我們表現好，會讓我們整天心情好；本來血糖高，努力運動後恢復正常，之後的感覺應該更好；長久專注於事業，忽略了子女，反省之後向小孩道歉，小孩說：「爸爸我愛你，我們還有很長的時間陪伴你。」你的眼眶應該是濕潤了！

可能更重要的是，覺得活得有意義，一定比較快樂。[註1]在心理學領域裡，有意義的生活就是有理想的生活，覺得自己做的事情重要，覺得人生充實而且感到

滿足。生活有理想，能令我們持續進步，因而快樂。

理財規劃有助於達成
人生的理想與平衡

　　但是，人生也需要平衡，快樂才會長久[註2]——也就是在事業、家庭與身心健康上取得平衡。這種平衡的快樂較容易持久，我們最常看到的情形是：拚事業卻忽略了家庭與身心健康。當然，在工作上得到的肯定與收入是非常重要的快樂泉源，因此也不能忽略了事業。所以，我認為一個快樂的人生是一個有理想、平衡而且能夠持續進步、感到充實的人生。而連結「人生的理想」與「平衡的人生」就是投資理財活動。

　　現代人的日常必要活動都必須經由理財活動達成，小至平日的支出，大至選擇投資標的都是理財活動，對人生都有一定的影響。現在多消費，儲蓄會減少，間接減少了未來的消費；我們希望未來多支出，可以經由增加投資報酬達成，可是必須承擔比較高的風險。因此，理財活動的本質是現在與未來支出的取捨，投資報酬與投資風險間的取捨，當然，也有支出項目間的取捨，例如多花錢在娛樂上，自然就會少花錢在教育自己的經費

上，可能間接影響了職涯發展。

　　所以，理財活動對於達成「人生理想」與「平衡的人生」至關重要。我們未來想要做的事情基本上都需要花錢，例如，想要增加自己的本職學能，就必須規劃持續受教育的經費；想要培育子女，就必須規劃他們的教育經費。因此如何在未來支出目標與現在支出項目間取得平衡，對於達成人生理想、同時擁有平衡的人生很重要，例如，過度強調未來職涯的發展，可能犧牲了現在的健康與家庭品質。

　　一個好的人生理財規劃，能幫助我們在追求人生理想及平衡的人生間取得平衡，它可以幫助我們在規劃過程中思考現在的消費項目、未來需要花錢的理財目標（例如在職訓練、購屋、退休等）、想要的投資報酬率與可以接受的投資風險。規劃的結果將反映自己的家庭狀況、所得展望、對自己未來生活的期許等，總結出一般人可以輕易執行的理財計劃，實現投資人想要的投資報酬率。

　　「全人均衡系統」是研發多年而成的一個軟體，幫助讀者做人生理財規劃，在系統中輸入規劃資料後，你可以看到各種情境模擬，比方支出增加會增加投資報酬率，但必須承擔比較高的投資風險，才能達到人生的規劃目標；相反地，支出減少會減少投資報酬率，但承

擔較少投資風險，就能達到人生的規劃目標；未來所得增加，會減少投資報酬率及投資風險，卻同樣能達到人生規劃目標；增加人生目標金額會增加投資報酬率及風險；增加負債通常會增加投資報酬率及風險等。

在規劃的過程中，你會做許多人生各面向間的取捨，最後達到自己滿意的均衡點，也就是自己可以接受的投資報酬率與投資風險，然後經由資產配置，將投資金額分配於不同的交易標的中，簡易地執行人生理財規劃結果。

這種理財思維邏輯，我稱之為「全人均衡理財」（見**圖表 1-1**）。根據我長年研究的心得與觀察：能夠達到人生理想與平衡人生的投資理財結果才是好的，我們以人生理財規劃連結有理想的人生與平衡的人生，並且經過實踐人生理財規劃結果達到平衡充實的人生，因此想要有好的理財結果，第一步應做的是人生理財規劃。

在以下章節，我將深入闡述全人均衡理財的重要觀念，以及大家對於投資常見的迷思，並告訴大家如何以簡單的理財方式，達到平衡充實的人生。

首先，我們先從如何思考人生的理想開始。

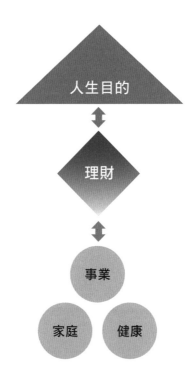

圖表 1-1　全人均衡理財思維邏輯

人生理財規劃的起點：
請思考什麼是你的人生理想？

　　每個人都一樣，有理想才可能達成理想，沒有理想，就算達成了某種成就，回想起來可能覺得這不是自

己想要的人生。對某些讀者而言，中文名詞「理想」的涵蓋範圍可能有些籠統，我喜歡「理想」這個詞，因為感覺陳義較高，更精確地說，也許可以用英文名詞 purpose 的中文說法「目的」「宗旨」或「志向」表示。所以，我所謂「有理想的人生」也可視為是一種為了追求某種目的而生活之人生，而這個目的讓我們覺得有意義，達成之後會感覺自己對別人有貢獻而感到快樂。

人確立理想之後，自然會採取行動往理想邁進，例如想做小學老師，幫助學童在基礎教育階段建立一生良性成長的扎實基礎，會盡量去學習做好小學老師的本領。我常跟學生講，人的一生是每天點點滴滴的抉擇累積出來的。有理想的人，會念茲在茲，做出有利於達成理想的抉擇，沒有理想的人，就只能靠自己當下的偏好與欲求做決定。因此，有理想的人較能掌握人生方向，比較可能擁有一個充實的人生。

在人生規劃中，理想指引我們做各種消費、風險、投資、職涯的抉擇，幫助我們有所為，有所不為，使得我們不至於僅因為短期的欲望，或者對財富的貪婪做出一些不利於長期人生快樂的抉擇。就好像一個企業，如果沒有造福社會的理想，僅以營利為目的，可能做出損人不利己的事情。

因此，對我來說，一個圓滿的人生應包括能實現自

己的理想，所以我給學生上課的時候，不論他們的年齡與人生歷練，都一定特別強調：**想要有幸福快樂的人生，必須先思考想要達成的人生理想，這個理想不可能一蹴而成，所以需要經由一個人生理財規劃，腳踏實地、按部就班地實踐。**

理想是決定一個人的未來的最重要因素，例如想要像南丁格爾一樣，做一個奮不顧身救人的護士，就會規劃出走這條路的人生地圖。台灣的年輕學生念大學前很少思考人生理想，原本應有豐富體驗的生命變成了是短期升學目標的累積，所以經常有學生表示不喜歡自己念的學系領域。如果從小就被鼓勵而且有機會認真思考人生的理想，這種情況將大幅減少。

理想並不一定一成不變，經常有階段性。隨著人生的歷練，我們會更有能力做以前夢想不到的事情。我常鼓勵年輕人，一時無法想得夠長遠、或者夠完整，都沒有關係，先訂短期人生目標，漸漸的就會愈想愈遠、愈清晰。我也常鼓勵退休人士思考自己的理想是什麼？在這個人生階段，反而更有能力找到很有創意的人生理想，對別人及社會做出以前夢想不到的貢獻。

所以，絕對沒有早晚的問題，處於不同人生階段的人都可以有理想，而且應當有理想，導引未來的人生規劃，活出平衡充實快樂的人生。因此，就算以前沒有認

真思考自己的人生理想，應該趕快跨出這一步，人生會因此更充實快樂。

釐清職涯方向九大問

環顧四周，在我們認識的人當中，你應該會發現，靠理財發財的人很少，而能持續投資致勝者，更是鳳毛麟角，反而絕大多數富人是靠工作致富的，比方張忠謀先生就是一個因為事業成功致富的專業經理人，可見**工作與事業是人生成就的重要支柱和財富的重要來源**。通常，**理想是可以經由規劃、藉由職涯發展實現的**，我常用一套系統性的方法幫助學生釐清理想，思考未來的職涯方向，無論你是在人生的哪一個階段，以下幾個問題，都值得大家參考：

問題 1：這個世界需要你的哪些貢獻？

其實世界非常需要你！剛開始思考時，你可能沒有頭緒，就像我當初思索博士論文題目時，覺得所有值得做的研究題目別人都做過了，經過大量閱讀後，發現有很多好題目可以研究，而且從事研究工作久了，才知道

好研究題目是無窮盡的。所以只要開始思索「理想」，總會想到適合自己的。有些人的理想是因小時候的見聞所確定，例如 2023 年中國大陸第一個也是唯一的 F1 賽車手周冠宇，年僅 24 歲，於 12 歲時在上海觀看賽車比賽後，就立志要成為賽車手。

問題 2：你希望的貢獻是什麼？

並非所有的機會都值得追求，我們應選擇有意義又能有貢獻的機會。有些機會很有意義，但是如果不是自己想要做的貢獻，亦並不適合爭取。因此，思考自己的理想會產生什麼貢獻很重要。例如，是不是我適合當一位親切細膩的護士，讓住院病人因此心情愉悅，復原得更好？

問題 3：誰會因為我的努力而獲益？

獲益的對象愈多，通常貢獻就愈大。例如，我有一些已經退休的企業家朋友，在學校擔任志工，輔導年輕學生創業，潛在的貢獻很大。如果年輕人因受到啟發，創業成功，將創造許多工作機會，增進社會經濟發展與民眾福祉。

問題 4：當工作機會上門時，該如何抉擇？

　　如果你能辨識工作機會，就會發覺在人生旅途中有許多不同的機會，但是你**必須提醒自己：要做有熱情的事情**。因為即使有機會但沒有熱情，是徒勞無功的；但是熱情也必須配合好的機會，理想才會實現。同時，機會是給準備好的人，因此，**有人生規劃的人，隨時都要朝著理想的方向持續努力**，這樣不知不覺，自然會累積實踐理想的能力，等到機會成熟時就會水到渠成。

問題 5：貢獻和獲益之間如何取得平衡？

　　這是一個現實的問題，每個人對於該得到什麼回饋有不同的想法。有些人期望高的金錢報酬，有的人希望得到很多人的肯定，不一而足。知道自己想要什麼樣的回饋很重要，當回饋與預期相符時，我們會受鼓勵而有更高的投入熱情，但是如果爭取某個機會時，未想好適合自己的回饋，很可能造成失望與喪失熱情。

　　不過，本書一再強調，真正的快樂不會來自於財富的累積，必須與自己覺得對別人做出多少貢獻有關，因此，除了金錢報酬，你的獲益最好以能衡量貢獻的某些指標為衡量標準，例如，護士一生希望照料多少病患，

而且因自己的照料水平，提升了同儕的照料水平等。

問題 6：自己有能力做出貢獻嗎？

不是每個理想都適合我們的能力，評估自己的能力與理想的契合度，可以增加做出貢獻的機會。不過評估自己的能力時宜避免過於保守，應思考自己的學習能力。經常，我們的能力會隨時間增強，有時熱情可以逐漸彌補能力的不足，而且堅持理想可能是最好的學習動機。

問題 7：是否有某些內外條件和你的理想產生衝突？

有無一些自己及外部的限制條件，使得即使有能力追求這個理想，但是這些條件讓自己無法做出貢獻？譬如家庭狀況不允許自己到國外工作，或者必須投入某些資源才有辦法往理想邁進等，這時你會怎樣抉擇？

問題 8：有人嘗試過做類似的貢獻嗎？

市場中已經有人嘗試過追求這個機會嗎？探索這個

問題可以幫助我們了解哪些人已經嘗試過，及別人追求貢獻的方法是什麼？不論別人是否失敗，都可以給我們很好的借鏡。對想要創業的人來說，思索這個問題特別重要，如果並非想創業，這個問題也是可以先跳過。

問題 9：嘗試過類似貢獻的人成功了嗎？
有什麼可以提醒我們留意？

對想要創業的人，思考這個問題可以避免**重蹈覆轍，甚至可以幫助我們確認：自己想要追求的理想有可能做出好貢獻嗎？**如果已經有人成功做出好貢獻的例子，可以評估是否可以模仿、改進，增加理想實踐的機會，例如有哪些護士可以做為自己的模範？

現在的選擇，決定未來的人生

你現在可能已經認同人生理財規劃的重要性了，我們在規劃的過程中確定理想，考慮人生的現實面與自己的偏好，例如決定職涯方向、消費水準、願意承擔的投資風險等，同時擬定往理想邁進的步驟，這些步驟反映在各種人生目標中。如果這樣做，你的人生將更有意義

而且更快樂。

人不可能心想事成，無限制地滿足欲望，因此需要取捨，但是我們通常只能在概念上認知取捨對我們的影響，無法「視覺化」（簡單講就是「看到」）所做的取捨對人生將產生的實際影響。例如計畫五年後買房子，必須思考要準備多少頭期款及貸款的金額，還要考慮償還能力，甚至必須了解買房子對人生其他目標的排擠作用，像是換新車的時間是否要延後、要減少退休預備金、將來可能會舊房換新房，甚至必須降低未來的生活水準等。

除了這個買房的例子，人生還有其他重要目標需要考慮，例如自己對職涯有憧憬，想要不斷進修，因此必須在現有的消費與未來的收入間做取捨，可能影響買房子、結婚、生兒育女等其他人生的重大決定。人生理財規劃是一個「預覽」人生的過程，幫助你做各種人生的取捨，找到一個可以接受的人生，然後腳踏實地努力去實踐。

開始努力實踐人生規劃後，神奇的事情就會發生，你會發現在本來的規劃中覺得達不到的人生，竟然很可能可以做到，例如本來以為所得只會成長 4%，35 歲時僅買得起 1,000 萬元的房子，後來發現因為得到老闆的肯定，所得實際成長了 10%，可以買得起 1,600 萬元的

房子。

　　這些複雜的取捨，對人生的影響無法以「想像」掌握，必須有一個適當的工具幫助你「看到」未來會發生的狀況。為了方便自己做出理性、有效率的判斷，我會運用「全人均衡系統」做各種生活和理財方面的取捨，平衡長期與短期的不同關心事項。例如上面提到過的現在花費與未來花費之間的取捨；投資金融資產獲得長期投資報酬，與投資自己增加長期職涯收入之間的取捨等。

　　但是要靠什麼為這些取捨的結果定調呢？我們知道，不論我們的取捨為何，最終必須經由投資理財支應未來的支出需求，例如必須經由儲蓄與投資積累退休預備金。支出的偏好決定支出金額，從而決定可以分配於投資的金額，經由投資後所獲得的報酬決定未來的支出水準，例如提高現在的支出，但是希望未來的支出不減少，投資的報酬即必須比較高。而自己的風險承擔偏好決定可以接受的投資報酬率。(註3) 因此，我們經過各種取捨後所選擇的投資報酬率，反映了人生各種支出項目間的取捨，代表了現階段為了平衡人生各種需求後的決定。當然，人生絕非靜態，將來可以隨時改變人生規劃，決定一個新的報酬率。

周教授說

　　決定了自己想要的投資報酬率之後，接下來就是要實現報酬率，達到各種人生的理財目標，方法最好是簡單的，讓一般人可以輕鬆做得到、能按步就班簡單實現報酬率的方法。我在第 2 堂課中先介紹理財前必須知道的重要常識，而後陸續介紹分散風險、投資常見的心理偏誤、創造被動收入和複利、注意隱藏成本、調整資產配置等。本書的附錄將介紹如何以「全人均衡系統」進行人生理財規劃。如果你願意奉行本書介紹的投資方式，會有很大的機會實現平衡、充實、快樂的人生。

註解

註 1　可參考華里克（Rick Warren）所著的《標竿人生：我究竟為何而活？》，道聲，2018 年。

註2　可參考克里斯汀生（Clayton M. Christensen）所著的
　　　《你要如何衡量你的人生？》，天下文化，2019 年。

註3　後面章節會說明：投資報酬與投資風險是正相關的，
　　　想要高報酬就必須承擔高風險，並幫大家理解投資的
　　　風險。

第 **2** 堂課

投資理財的基本觀念
和「八喜法則」

透過前面的敘述我們可以了解到，在一個懷抱理想及平衡的快樂人生中，金錢扮演一個不可或缺的重要角色，透過人生理財規劃及投資理財，金錢能幫助我們得到平衡充實的人生。但是這就是金錢應該扮演的角色：幫助人們獲致一個平衡充實的人生，金錢絕對不能變成生活的追求重點，否則我們會逐漸遠離平衡快樂的人生。

智者經常提醒我們：正確的金錢觀很重要，像是「人不要成為金錢的奴隸」，就是這個道理。弄清楚錢對我們的用途，遠比有很多錢重要。

你也一定聽說過，錢不見得萬能，但沒有錢是萬萬不能，沒有錢的日子是辛苦的。這種講法也是對的，但是如果相信財富愈多，感覺愈踏實，而因此汲汲營營於爭取財富，通常反而不會有平衡充實的人生。

因為錢很重要，金錢變成了焦慮來源。我們擔心扶養小孩很貴，不敢生小孩，也很煩惱退休金不夠。坊間有許多投資理財的書，有的教我們輕鬆理財、獲利倍增；也有的教大家穩健投資，要認真學習選股與操作技巧；有的則教大家不要貪心，錢夠用就好……但大家心裡總還是欠缺一個全面而踏實的理財方式，可以幫助我們描繪未來的人生需求，讓我們在人生的旅途上，無論順遂或不順遂時，都可以靈活調整路徑，讓自己享有幸

福快樂、平衡充實的人生。

投資之前要有的四個觀念

　　許多人檢視自己的工作，常會覺得靠所得致富困難，想於短期致富更難，因此轉於想靠投資理財迅速累積財富，但是多少人真的因為理財而致富呢？以下是你在投資理財之前，必須先知道的重要理財觀念。

觀念 1：報酬率比獲利金額重要

　　如果你曾經買過股票，賺錢的股票可能已獲利了結，手上還留著一些套牢的股票，整體觀之，你知道自己有沒有賺到錢嗎？而且，許多投資人可能不知道，如果把投資結果換算成報酬率，就是獲利（包含價差與配息）除以本金，結果經常會比大盤（整體股市的報酬率）差。

　　報酬率（而非獲利金額）才是能代表投資績效的數字。如果你的買入成本是 100 元，現在的股價是 108 元，曾經拿到 2 元配息，報酬率是 10%（〔108-100+2〕/100），是不錯的投資績效。如果有人說投資賺了 100

萬元，對很多人而言，這是個很好的獲利，但是如果你知道他的成本是 1 億元，就知道報酬率只有 1%，是個不好的投資績效。

　　如果另外一個投資人，投入 1 千萬元就賺了 1 百萬元，報酬率是 10%，績效相對就好得多了。所以**我們關心的應當是報酬率，而非金額**。請記得，**報酬率將決定你的財富累積速度**。一般人投資指數型的基金，可以輕鬆地拿到整體市場（即俗稱的大盤，在台灣大家通常以證交所發行量加權指數代表整體市場）的報酬率，但是要超過大盤就很困難了。

觀念 2：一般人的投資報酬率很難比大盤好

　　事實上，許多人因為投資而賠錢，更不用說賺錢了！其中不乏受過投資學專業訓練的人。有一次我在 101 大樓附近遇到一位以前教過的研究生匆匆忙忙從銀行出來，她告訴我是來補繳期貨交易保證金的，而且已經賠了不少錢。1980、90 年代，台灣股市每日交易量動輒兩、三千億台幣，80-90％是散戶貢獻的。1990 年股市崩盤後，散戶交易量漸漸減至六成，很多散戶不是放棄投資，就是交給法人（或稱為機構投資人，例如基金公司）管理。到了 2020-2021 年股市頻創新高，每日

交易量動輒 5、6 千億，由於比較容易在股市賺錢，散戶交易量成長到七成五。[註1]

　　股市多頭時散戶是英雄，空頭時多數是賠錢的，學術研究顯示，散戶交易愈頻繁績效愈差，[註2] 而台灣散戶平均的報酬率是 -3.8%，主要肇因於積極下單的行為，[註3] 即使把錢交給基金投資，也經常申購在股市高點，贖回在低點，甚至把基金當成股票一樣操作。

　　為何投資人會在股市中栽跟斗呢？我經過多年的研究觀察，發現主要的原因是很多人擔心這一生是否會有足夠的錢可以用，因此想藉投資多累積財富，相信錢愈多，自己的安全感愈大。不論是否投資賠錢、賺的錢不多，或者曾經有不錯的獲利，心裡都不踏實，不知道將來是否能夠投資獲利，但還是覺得必須投資；然而卻又不知道正確的投資方法，只能人云亦云，或者因循苟且，繼續採用老方法。

　　如果因賠錢被嚇到了，而不敢再投資，把錢都放在存款中，這是很可惜的，所累積的錢比從股市可以獲得的長期回報少很多，大概每年少 8%。現在定存的利率略高於 1%，大概要 72 年，存款才會成長一倍，股市的報酬率如果是 10%，只要不到 8 年，投資就會翻倍，換句話說，現在放 10 萬元於定存中，72 年以後才會變 20 萬元，放在股市裡投資，8 年後就會增長到 20 萬

元，而 72 年以後會變成 5,120 萬元。因此，太保守的投資人可能會犧牲很多報酬。

我長年教授投資學，知道這是一門很有用，而且符合邏輯的學問。不過，許多研習過專業投資學相關知識、也都很聰明的人，績效仍經常不如人意。主要是他們錯以為自己能像以投資為業的專業投資人一樣賺錢，就好像病人讀了《本草綱目》就以為自己是醫生，可以為自己看病一樣，或者是曾經受過完整醫學教育，後來選擇不做臨床醫師，卻仍舊以為自己可以為病人看病。也就是，不在某個專業崗位上，卻自以為可以做同樣專業的事，不僅事倍功半，更可能害人害己。

和投資專家對作，幾乎是穩輸的。你可能知道，資訊是投資獲利的關鍵，市場中投資人朗朗上口的一句俗語：「長線不如短線，短線不如內線。」長線不如短線不一定是對的，但是短線不如內線卻是絕對正確的。誰要是有精準的內線消息，絕對無往不利，但是在許多情況下，內線交易是違法而且不道德的，更何況能接觸到真正內線資訊的散戶又有幾人？更糟糕的是，很多人誤以為自己掌握的是內線消息，反而因此損失不貲。

一般人要獲得真正能有把握賺錢的資訊，可說是緣木求魚，這是不能妄想以短線賺大錢的最主要原因。真的要靠短線賺錢，除了資訊之外，還要有專業能力消化

資訊，做正確的投資決策，專業投資人在資訊及專業能力方面，與一般人比較，具有絕對優勢。這些專業投資人通常是金融機構，或者是精於投資的企業，他們的特徵是具有很好的資訊來源及投資分析專業，和一般人的資訊管道大不相同。

一般人的理財資訊管道通常有下列三種：

1、金融機構所提供的金融商品相關資訊。金融商品是雙面刃，報酬率較高的商品，通常風險及費用通常也較高。幾乎所有的商品皆有利有弊，例如手機及平板電腦皆設有記錄使用螢幕時間（screen time）的功能，避免使用者花太多時間，許多學生就有這種現象，花很多時間在網路上，像是刷臉書、看抖音、瀏覽美食照片，本來手機應該是溝通與學習的工具，實際上反倒影響了學習。理財商品也同理，投資人可以因選擇適合自己的商品而獲利，但是金融商品琳瑯滿目，投資人如何篩選適合自己的商品？許多人依賴金融機構推薦商品，但是投資人如何判斷商品的適合度？這種決策需要很高的專業度，不是一般人擁有的。

2、想幫助一般人理財的非營利機構例如學校及基金會等。這些機構也提供投資人理財資訊，例如如何記

帳、規劃消費、管理信用卡、投資的基本觀念等,這些
觀念有用,但不足以幫助一般人經由投資理財獲得合理
的投資報酬。

　　3、網路、各種媒體與金融機構提供的分析資訊。
現在網路超方便,不僅有理財相關課程,也有各種投資
相關資訊。理財課程通常教人如何增進投資技術,例如
怎樣做技術分析或選股,在美國就有專門教人操作價格
非常低的股票(Penny Stock)的課程。但是學了這些
課程以後並無法現學現用,主要是因為散戶沒有時間
專心投資,而且投資所需的專業知識與資訊遠超過這些
課程所能教的,散戶真的跟著課程操作其實很危險。此
外,雖然媒體與金融機構提供的資訊通常與公司的經營
績效及經濟狀況有關,但投資人無從判斷這些資訊的來
源,也無法預測未來的狀況會如何。

　　專業投資人就不一樣了,他們代表金融機構投資,
也就是機構投資人或法人,資訊管道比散戶多元而且精
確。專業投資人可以到公司訪問、經由昂貴的即時資訊
管道(例如彭博資訊、湯森路透公司等)獲得全球經濟
及企業資訊,他們也有全球人際網絡可獲得特殊觀點,
而且金融機構願意花費大量資源投入資訊軟體、設計資
訊分析模型,並聘請專業分析師研究資訊。例如巴菲特

年輕時曾在資產管理公司工作，花費大量時間研究並到各家公司拜訪後才做投資判斷。專業投資人還研究投資人心理，利用投資人因為認知偏誤及情緒反應常犯的投資錯誤占散戶便宜。後面會說明投資人如何以實踐「八喜法則」，避免這些心理問題造成的投資錯誤。

　　專業投資人利用資訊優勢打敗散戶的方法是擇時、選股、套利。他們的買賣時機比散戶精準，他們很了解企業的基本面，也比較清楚經濟趨勢，原因是，除了資訊優勢以外，他們有以下特點：

　　1、其工作就是投資。和股神巴菲特一樣，他們拜訪被投資公司，花費大量時間研究及分析產業及經濟。請問一般人是否有閒錢和閒暇可以花時間了解個股、總體經濟及產業？

　　2、有足夠的專業投資知識，可以利用資訊優勢獲利。不同於一般人沒有受過專業的訓練，專業投資人具備下列的專業知識：

（1）**市場、投資工具與法規。**
（2）**資產評價方法。**除了了解如何在理論上將公司未來的獲利前景及風險反映在股價上，還必須了解公司的經營管理與產品技術等，才能真的評估獲利前景與風險。

（3）**交易制度、交易實務與交易成本**。交易制度規範投資人交易的方式；交易實務是市場中大家交易的成文與不成文規定與行為；交易成本影響投資報酬。例如，台灣的交易稅是很重的，政府規定買進股票的交易手續費最高為交易金額的 0.145%，券商會給折扣，網路下單現在大致都在 0.1% 以下，賣股票也要支付同樣的手續費，加上賣股時必須支付 0.3% 的交易稅，合計大概總共為 0.5%。假設交易十次，總共的交易成本為 5%，如果一年中每週交易，交易成本就是 26%，由此可見只要交易頻率高，成本是非常的高。

（4）**資產配置**。就是將資金分配在不同的資產類別上，例如股票、債券等，這是決定投資績效最重要的決定，占績效的 90% 以上。

（5）**全球投資的相關知識**。包含總體經濟、匯率風險、地緣政治風險等。

（6）**高風險投資**。例如衍生性商品、避險基金、私募基金、創業投資等。

（7）**風險管理的知識與複雜工具**。例如期貨、選擇權、交換契約等。

（8）**行為財務學**。能幫助了解投資人心理及常犯的

錯誤，法人可以從技術分析及數據分析中判斷市場價格是否偏離合理價位，進行套利，及利用價格不合理賺錢。

（9）**公司治理**。這是決定企業發生弊案及經營風險的最重要因素。

除了專業知識外，更關鍵的是，專業投資人是一個團隊，結合各種專長的人，把資訊優勢發揮到淋漓盡致。

專業投資人有專屬交易管道以及各種電腦輔助交易系統，下單速度快，產生優先的下單順序，先進入系統、先撮合，造成獲利機會比散戶高的局面。這個當然也非一般人做得到的。

於台灣股市交易極熱絡的時期，例如 2021-2022 年間，當日沖銷量經常占市場交易量 30% 以上，除了許多散戶參與之外，法人及外資也積極做當沖。當沖是當天先買後賣，或者先賣後買的極短線投機交易，即時資訊是影響當天股價波動的重要因素，因此也是決定當沖交易績效的關鍵因素，有即時資訊來源的法人特別具優勢，可以想見散戶難以討好，而當沖的散戶中又有許多是剛入股市的年輕新手，他們的下場可想而知。^{（註4）}另外有一些積極交易的散戶做短線投資，相對於法人，他

們同樣沒有資訊優勢，這些散戶因交易頻率高，實際上就是與專業投資人對作，幾乎是穩輸的。

專業投資人因為掌握比較正確的資訊，被稱為「資訊投資人」，而散戶有一個比較不體面的稱呼：「雜訊投資人」。散戶常以自以為有用，但實際並無用的資訊交易，相信可以經由交易獲利，由於缺乏判斷資訊能力，常利用技術分析，希望能了解市場趨勢及投資人心理，資訊來源經常是口語相傳的謠言、媒體報導以及分析師的報告。因此，散戶交易時常導致價格偏離了符合基本面的價位，對於其他投資人的參考價值低，因此被稱為雜訊投資人。雜訊投資人導致的價格錯誤是專業投資人獲利的養分，同時也幫助提高了市場交易量，讓其他有交易需求的人可以成交。

有些散戶不僅誤以為自己是專業投資人等級，甚至誤以為自己有內線消息，認為親友告知的資訊為正確可信的，事實上，這種資訊多為道聽塗說，可信度低，如果是真正的內線消息就糟糕了，因為內線交易雖為獲利最佳途徑但卻違法，如果被起訴定罪後會有刑責，應特別謹慎。

你從上述分析大概已經了解，如果投資期間短，尤其短到像當日沖銷，散戶的報酬率會小於專業投資的法人，由於兩者的平均就是市場整體的報酬率，所以一般

而言，短線投資的散戶要比大盤（即整體市場的報酬率）好是很困難的。

觀念 3：跟著大盤走可以與大盤同行致遠

專業投資人所具備的種種優勢，讓他們容易成為「主動型」投資人，積極擇時及選股，目的是打敗大盤。居於資訊絕對劣勢的散戶絕對不能學專業法人的投資方式，如果也依樣畫葫蘆，想要以選股或擇時的方式競爭，就穩敗無疑。但是由於指數型基金的興起，散戶只要投資這類基金，就可不費吹灰之力拿到大盤的報酬，專業投資人為了證明自己的價值，必須拚投資績效比大盤好。

散戶既然居於劣勢，一個合理的投資策略當然是跟著大盤走，投資於績效與整體市場一致的指數型基金即可。只要長期和定期定額投資，績效自然會與大盤類似。而這種投資方式可以完全避開與專業投資人對作，只要散戶不擇時或選股，專業投資人就拿你沒轍。

「跟著大盤走」不表示即穩賺不賠。雖然歷史經驗顯示，長期投資加上配息再投資的複利效果驚人，但是股市有多頭也有空頭的時候，多頭時我們可能貪婪而想多買，空頭時可能驚恐而想賣出。投資人必須在多空之

間「等待」，做足風險管理，才能不被專業投資人占便宜，拿到合理的報酬，這種「等待」的功夫需要培養，如果你能奉行接下來將介紹的「全人均衡理財」思維中的核心觀念「八喜法則」，你將會有很強的等待能力。

觀念 4：能「等」就會贏

「等」是一般投資人能獲得合理投資報酬率的最佳利器。一般人沒有能力像專業法人一樣擇股或擇時，雖然投資於市場指數型基金，可以免去擇股的煩惱，可是整體市場仍具有波動性，台灣發行量加權指數一天動輒上漲或下跌幾百點，一年甚至可以讓投資人賺到百分之幾十，或賠掉百分之幾十，[註5] 所以只要投資就會有風險。可是投資人沒有擇時的能力，無法預期股市的漲跌，如果必須在股市空頭時用錢，被迫出售持股，將承擔巨大損失，但是如果能夠等，不需要在空頭時賣股，等到多頭時再出售，即大幅增加了獲利的機會。

由於股市長期的投資報酬率是正的，像台股自1967 年以來，計入股息的年平均複利報酬率為 15% 左右，既然平均每年為 15%，每當有一年報酬率是負的時候，後來必定有一年報酬率是很高的，所以投資人只要能在台股表現差時等待，等到表現好時再賣即可。就

算未來台灣股市愈來愈成熟，報酬率像美國從 1926 年以來一樣，年平均複利報酬率為 9%，只要平均報酬率是正數，投資人總是能等到股市較樂觀時再賣股票。

　　所以，只要我們能夠等，就會有好的投資結果。對一般人而言，投資理財的重點不是學習如何擇時或選股，我們不僅沒有時間或資源做這種學習，就算有，除非做的是專業投資人的工作，我們仍舊有難以跨越的資訊鴻溝，無法有效的選股或擇時。散戶該做的是培養等的能力。

　　其實有一套適合一般人的投資方法，效果很可能會比選股與擇時好很多，我為這個投資方法取了個名字——「全人均衡理財」。以下先介紹「全人均衡理財」的簡易精要口訣。畢竟知易行難，要力行「全人均衡理財」口訣，達到好的投資結果，你必須願意改變自己的投資行為，我會說明其原理並為大家做心理建設，強固你願意執行「全人均衡理財」的信念。一旦你開始學習「全人均衡理財」的細節，實際利用「全人均衡系統」規劃人生、執行「全人均衡理財」，會有好機會獲致一個平衡充實的快樂人生。

認識「八喜法則」，
穩健達成理財目標

　　「八喜（BAHI）法則」是「全人均衡理財」
（Balanced and Holistic Investment，簡稱 BAHI）的
簡易精要口訣，它是一套你可以容易遵循與實踐的投資
法則，而且也是投資風險管理的利器。如果背下來並且
在日常生活中實踐，將有好機會獲得人生理財規劃的
報酬率，獲致平衡充實的人生。它包含了八個重要關
鍵字，代表八個重要觀念「規」「等」「分」「被」「長」
「複」「調」「平」：

1、**規劃（Plan）**：以人生理財規劃獲得幸福快樂
　　「三支柱」；

2、**等待（Wait）**：培養等待的能力，好時機時才
　　將投資變現；

3、**分散（Diversification）**：把投資分散在多個標
　　的上，避免集中投資、血本無歸的風險；

4、**被動（Passivity）**：被動型投資，不主動積極
　　選股或擇時，避免判斷錯誤的風險；

5、**長期（Long-term）**：長期投資，以等待的時間
　　換取合理的報酬；

6、**複投（Reinvestment）**：將從投資標的獲得的配息再投資在原有標的上，達到複利的效果；

7、**調整（Adjustmemt）**：當主觀或客觀條件改變時，或者在執行理財目標前，調整人生規劃；

8、**平衡（另譯「再平衡」）（Rebalance）**：依照新理財計畫調整資產配置。

其分項的意義如下：

1、規劃（Plan）

人生理財規劃是投資理財的第一步。許多人投資前未做人生規劃，投資目標就是賺錢，只想獲利愈高愈好，這種投資方式有很大的缺點：第一、投資有風險，而且報酬率與風險成正比，如果只是想獲利，會於不知不覺中承擔太多風險；第二、即使有獲利，也不知道夠不夠應付未來的需求，例如累積的財富足夠退休後的生活所需嗎？而且，除了退休金之外，人的一生有許多其他地方必須花大錢，例如買房子、子女教育等，做了人生規劃之後才會知道什麼樣的報酬率可以達成所有的理財目標，而且這個報酬率目標是否合理，是否達得到；第三、人不是只為追求財富而活，我們希望活得有

意義，還有家庭、事業、身心健康等目標必須滿足，經過人生理財規劃，我們可以綜合考量這些人生與理財目標，達到努力工作、享受家庭、身心健康，讓財富、人生（身心健康、家庭）、事業「三支柱」均衡充足發展。因此，投資前必須先做規劃，以人生理財規劃指導投資，工作、家庭、身心健康的發展。

2、等待（Wait）

投資都有風險，為了增加投資成功的機會，投資人必須做適當的風險管理，對一般人而言，最好的風險管理方法就是有能力「等待」，在市況不好的時候能夠不需要賣掉投資，等到價格變好的時候再出售。你的風險管理系統應有幾道防線：第一道，**投資前先儲蓄好生活金**，生活金是用來平日周轉及應付緊急需求所持有的，這是非常重要的防線，絕對不能輕忽；第二道，**努力工作！**你只要有收入，能夠應付平日生活所需，就有非常強的「等待」能力，不需要在市況不好時出售投資；第三道，**保持身心健康**，身體好的人能工作、照顧家庭，「等待」的能力會比較強；第四道，**不要有信用卡貸款等高利貸**，如果要借錢，一定要非常謹慎，當你在做人生理財規劃時，必須了解如何借錢對你才有利；第五

道，**力行「全人均衡理財」八喜法則**，你才會有比較高的機會可以「等待」。

3、分散（Diversification）

　　分散投資是很關鍵的投資風險管理方法，如果你只投資在少數標的上，即使現在表現很好的公司，將來也可能倒閉。千禧年後，有 53% 的財星 500（Fortune 500）公司倒閉、被併購，或者消失了。[註6]因此你必須投資在多標的上，規避集中投資、血本無歸的風險。同時，本書也將說明：分散風險可以增加投資績效，有許多好處。

4、被動（Passivity）

　　被動型投資的意思是不主動積極選股或擇時，以避免判斷錯誤的風險，一般人不具備優異的擇時或選股能力，主動型投資極可能達不到人生理財規劃的目標。執行被動型投資的做法是採取指數型投資及定期定額投入資金。八喜法則強調的指數型投資是投資於「市場型」指數型基金，是一種簡單、省時、省錢的方法，後面會詳細介紹指數型基金及投資方式，由於指數型基金通

常包含許多投資標的，有分散風險及避免選股的功能。
定期定額是在固定期間投入金額，例如每月投資一萬
元，可以避免擇時的風險。

5、長期（Long-term）

投資人如果願意長期投資，賠錢的機會大為降低，
而且由於經濟成長，總可以等到好時機將投資變現，長
期投資讓投資人可以等待的時間換取合理的報酬。

6、複投（Reinvestment）

若在長期投資的同時，將從投資標的獲得的利息或
現金股息再投資在原有標的上，時間長了將會達到難以
想像的高複利效果，本書會提供歷史數據，幫助投資人
了解配息再投資的好處。

7、調整（Adjustmemt）

人生理財規劃並非一成不變，規劃時反映的是當時
的主、客觀情況及偏好，例如所得，家庭人數、風險承
受度等。主觀或客觀條件會隨時間經常改變，例如所得

增加了，這時應該以新的情況修訂原來的人生理財規劃。而且，投資的目的是希望未來要花錢時已準備好足夠的錢，例如儲存買房子的頭期款。因此在買房子之前，必須將部分投資變現，這時也需要調整原來的人生理財規劃，分析買房子之後，未來的情形會如何受到影響。

8、平衡（Rebalance）

　　人生理財規劃完成後，即應開始執行計畫，也就是開始投資，目的是達到規劃的目標報酬率。投資的第一步是做資產配置，即將儲蓄的資金投入到不同的資產類型（例如存款、股票等）中，達到目標報酬率。資產配置決定了之後，即按被動的投資方式開始投資。如果後來調整了人生理財規劃，就要按新計畫改變資產配置，這個動作稱為資產配置的再平衡。請注意，只有因主客觀條件改變（例如加薪了），或者理財目標到達前（例如要買房子了），為了準備理財目標的支出時，才調整資產配置，必須避免只是因為投資績效不佳而逕行調整資產配置，否則就是在做擇時了。

　　「八喜法則」強調紀律性地投資，持之以恆會有意想不到的效果，有幾個很重要的優點。**第一、習慣以**

「八喜法則」投資之後，會發覺這是一個超簡單的投資方法，花極少的時間即可以實踐，可以空出許多時間在事業、家庭、健康，而非無謂的理財上，**第二、久而久之你會發覺，你不需要隨時關心你的財富狀況，只要在某個人生目標（例如買房）到達前一年依照本書建議的方法調整資產配置即可，**這樣子可以避免市場波動時心情受到影響，讓你專注在人生其他重要面向上。第三、你會因為第一與第二點而快樂許多。

步入「全人均衡理財」之路的四步驟

　　「八喜法則」也有一個潛在的缺點：紀律性持之以恆地投資，對某些人可能是一種乏味的投資方法，缺乏研究與選擇股票，或者買進賣出的刺激感。但是擇時與選股對投資人極為不利，在開始進入本書的其他堂課之前，我想再努力一下，幫助你建立願意採行「八喜法則」的信念，走上「全人均衡理財」的道路，往平衡充實的人生邁進。請你嘗試用以下的步驟，漸漸進入「全人均衡理財」。

STEP 1：接受自己的生活水準

　　跨入「全人均衡理財」的第一步是相信有錢不一定快樂，單看別人的物質條件，並無法真正理解他們的快樂程度。某位朋友有一次帶小孩出去郊遊，小孩其實想跟朋友出去玩，並不想陪爸爸，當朋友坐在舒服的高級轎車上往外望時，剛好看見一輛機車上坐了一家四口，氣氛是「有說有笑，其樂融融」，形成了與自己車內氣氛的對比，他告訴我，自己很有錢，卻不比錢少很多的機車家庭快樂。

　　其實你應當經常思考這個問題：有錢是否比較快樂？千萬不要把快樂和金錢綁在一起，錢絕對不是快樂的保證。當然，沒錢不能過日子，但如何利用有限的財富，把生活過得快樂才是大學問。當我們不關注財富，卻努力把工作、健康、家庭顧好時，財富自然會進來。事實上，《哈佛商業評論》的研究顯示，[註7]願意用錢換取時間的人最快樂，因為有更滿意的人際關係與職涯發展。當然，有機會多賺點錢也會讓人快樂些，但是本書強調的是，金錢不是人快樂的最關鍵因素。而且研究顯示，[註8]快樂的人的所得比較高，原因是：快樂的人比較健康，不計較工作，積極投入，與同事相處融洽，而這些特質是事業成功的重要助力。

STEP 2：
保持全家的身心健康，心無旁騖努力工作

　　了解工作對財富累積的重要性是「全人均衡理財」的第二步。

　　學者對於快樂的來源有諸多的研究，基本上不外乎四個主要來源：家庭、工作、健康、信仰（faith），金錢出乎意料地經常不是快樂的主要來源。[註9]人一生花費在工作上的時間超過待在家裡的時間，所以如果工作方面不快樂，就不容易快樂。當開始享受工作以後，可能就不會急著想退休了，既然不喜歡工作的人不容易快樂，就要盡量找一個喜歡的工作。

　　也有研究顯示，[註10]工作上，大部分人感到最快樂的部分不是薪資的增加，而是來自於長官、同儕及部屬的肯定，感受到原來自己是被需要的，對別人有貢獻，而不僅是加薪帶來的快樂。[註11]

　　投資之神巴菲特的快樂來自於股東的肯定，[註12]雖然為了讓許多股東能參加股東大會，他已盡量安排很大的場地，但還是有擠不進去的股東，願意向其他股東購買門票參加股東大會。因為巴菲特幫股東賺大錢，很多股東會輪流上台讚揚巴菲特，讓他感受到無與倫比的快樂。

　　此外，財富經常與其他快樂因素存在抵換（trade-off）關係，你可能必須因為想要有錢而犧牲許多人生其他的重要元素。

　　其實巴菲特有錢的真正原因是把自己的工作做好，作為專業投資人，他就是把「投資」的「工作」做好。絕大多數人的工作並非投資，有自己的專業領域，例如工程師、護理師、教師、律師等，只要做好工作，再運用本書提供的方法，能幫助你平衡財富與其他快樂因素，你可以做到很快樂，也有錢。

　　太重視錢也可能產生遺憾，有研究顯示，[註13] 夫妻最常吵架的原因是金錢，除了出軌之外，金錢是美國人的第二大離婚原因，夫妻為了愛結合，卻為了錢離婚！許多人會因為離婚而不快樂。儘管現代人的預期壽命長達百年以上，但最終還是會遵循自然法則，我們應當追求的是生前有一個平衡充實的人生，同時在離開人世時，有愛我們的、關心我們的人在身旁，如果不認識我們的人也感謝我們的貢獻，那就更棒了。試著把修身、治國、齊家及平天下應用在自己身上，當我們的關注焦點是理財，而不在自己的理想時，甚至為了理財而犧牲或放棄了本身的專業，就很難有成功的人生了。

STEP 3：量入為出，堅持儲蓄

　　有紀律地儲蓄是富足的基礎，必須堅持在任何情況下都要儲蓄，例如即使每月支付房屋貸款後也還有能力儲蓄，這樣才能養成良好的支出習慣。

　　人如果能持續儲蓄，表示有控制欲望的能力，有控制力的人不僅能儲蓄，也會比較快樂。可以借用成語「無欲則剛」了解為什麼有控制力、有紀律的人比較快樂。能控制欲望的人，心靈不易受到束縛，自由自在。

　　當然現代社會的人不需要像顏回一樣，「一簞食，一瓢飲，回也不改其樂」，這樣可能健康會有問題。與所得水準相當的生活欲望程度是合理的，但是欲望過度則容易導致貪婪、恐懼，甚至毀滅。許多人投資理財失敗是因為欲望過高，過度貪婪，或是對未來恐懼造成的。人若可以控制欲望，較容易剛強，做正確的判斷，這就是「無欲則剛」的好處。

　　能控制欲望的人，比較願意長期投資。想要將來有錢必須依賴長期投資，才能以時間換取未來花錢的空間，其實就是以錢賺錢，藉時間累積財富。有一個投資法則叫「72法則」值得你知道，這個法則可以回答一個簡單的問題：現在投資一元，多久之後能翻倍變成二元？例如，如果投資報酬率（包含資本利得〔價差〕

及配息）是 12%，大概幾年之後，投資能變為雙倍？
計算的方法很簡單：

$$72 \text{ 法則：} 72/（利率 \times 100）$$
$$= 72/（12\% \times 100）= 6 \text{ 年}$$

　　答案是大概 6 年之後，投資能翻倍。假設你今年 22
歲，大學剛畢業，月薪 4 萬，有兩個月年終獎金，23 歲
開始每個月存 5,000 元，當年可存 6 萬元，如果 65 歲退
休，這 6 萬元可以投資 42 年（65-23=42），因為 42 年有
7 個 6 年，每 6 年資金會成長一倍，等到 65 歲時，23 歲
投資的 6 萬元會變成 6 萬 ×2×2×2×2×2×2×2=768 萬。
　　媒體經常調查大眾希望有多少退休金，多數人說
三、四千萬，按 72 法則，這位剛畢業的年輕人，因為
每年都可以投資六萬元，30 歲前的儲蓄就可以達到這
個退休金目標了，可見長期投資的重要性。
　　當然，你還是需要知道退休金該多少才足夠，而
且，除了退休金準備之外，你還有其他的人生目標要達
成，只要使用科學方式做人生理財規劃，就一定能夠規
劃出一個在目前的人生階段中可以接受的人生理財計
劃，以「八喜法則」長期投資及管理風險，你會達到人
生理財規劃目標的機會很高。不要把精神耗費在操心未

來錢不夠，如果把精神專注於家庭、健康、工作，你的生活只會愈來愈好，將來所得增加再做人生理財規劃時會發現，本來總以為達不到的人生，都變成成功在望了！

STEP 4：
以人生理財規劃活出平衡充實的人生

　　人生理財規劃包含幾個步驟：考慮自己理想，本身與家庭的限制條件（例如所得、需要扶養的人數等）、預估未來的儲蓄水準、列出未來想達成的所有人生理財目標（例如，在職教育、子女教育金、退休金等）、決定達成目標所需要的報酬率（目標報酬率）等，到這個階段，你已經找到了一個未來的人生路徑了。

周教授說

　　我常看到許多愈積極投資，效果反而愈差的人，你的親戚朋友當中可能就不乏因投資而傾家蕩產、家庭破裂、事業損壞的例子。如果你「擇時」或「選股」，專業投資人將為刀俎，你將為魚肉。「全人均衡理財」才是適合一般人的理財方式，可以讓你心無旁鶩往平衡充實的人生邁進，更可以避免讓不恰當的投資方式攪亂了人生！

註釋

註 1　呂清郎，〈近 12 年新高 散戶大爆發，交易占比衝 75％〉，工商時報，2021 年 8 月 24 日。

註 2　Brad M. Barber and Terrance Odean, Trading Is Hazardous to Your Wealth:The Common Stock Investment Performance of Individual Investors, *The Journal of Finance*, VOL. LV, NO. 2, APRIL 2000.

註 3　Brad M. Barber, Yong-Ill Lee, Yu-Jane Liu, and Terrance Odean, Just How Much Do Individual Investors Lose by Trading? *Review of Financial Studies* 22(2):609-632, February 2009.

註 4　https://money.udn.com/money/story/12040/5442167

註 5　〈2021 年台股全年漲幅近 24%〉，鉅亨網，2021 年 12 月 30 日；〈2022 年台股全年跌幅 22%〉，中央社，2022 年 12 月 30 日。

註 6　When Digital Disruption Strikes: How Can Incumbents Respond? Capgemini Consulting, https://www.capgemini.com/consulting/wp-content/uploads/sites/30/2017/07/digital_disruption_1.pdf

註 7　https://www.forbes.com/sites/briannawiest/2019/02/13/this-harvard-study-says-the-happiest-people-have-more-time-and-less-money/?sh=4a5293212ca8

註 8　Como, Michael (2011) "Do Happier People Make More Money? An Empirical Study of the Effect of a Person's Happiness on Their Income," *The Park Place Economist*: Vol. 19, Available at: https://digitalcommons.iwu.edu/parkplace/vol19/iss1/8

註 9　http://www.gunnarproject.org/happiness-1/2017/1/1/the-4-sources-of-our-happiness

註 10　https://workplaceinsight.net/recognition-well-reward-key-employee-engagement/

註 11　https://www.kennedyexecutive.com/news/how-to-promote-happiness-at-work

註 12　艾莉絲‧施洛德（Alice Schroeder）《雪球：巴菲特傳（最新增訂版）》，天下文化，2018 年。

註 13　https://www.ramseysolutions.com/company/newsroom/releases/money-ruining-marriages-in-america

第 **3** 堂課

投資之前，
先懂「分散風險」

　　做好人生理財規劃後，接下來需要按部就班執行規劃，在理想的狀態下，需要用錢的時候，報酬率會如預期地實現，但是投資有風險，報酬率不見得心想事成，因此投資必須輔以適當的風險管理。從第 2 堂課的「八喜法則」，大家應該可以體會到：投資的精髓，就在於培養「等」的能力，如果能夠等，就會有比較好的理財效果。

　　要培養「等」的基本功，就不能有太多負債，要有足夠的生活金，投資具有風險，需要做足風險管理。請記得，投資致勝的關鍵因素是有能力「等」，而若想進一步大幅強化「等」的能力，就要學習「分散風險」。

　　大家可能都聽過買房三大訣竅：地點！地點！地點！投資的三大訣竅則是：分散風險！分散風險！分散風險！因為只有分散風險的人才能等，只有能等的人才適合投資。

投資組合的風險管理

　　當你培養出「等待」的基本功之後，應用在個人投資的風險管理上，可以讓你不必在市況不佳時賣出投資標的，最後得到合理的投資報酬。

　　現在說明進一步培養「等」的能力的投資方法——投資組合的風險管理，這必須要靠分散風險達成。

　　分散風散有兩個層次，第一個層次是資產配置，即靠投資在不同的資產類別中，達到部分分散風險的效果；第二個層次是靠投資在同一種資產類型中之多重標的，例如買很多支不同的股票。後面的第 8 堂課我們會再討論資產配置的要領，這堂課先討論增加投資標的在投資組合中的分散風險效果。

「同時」投資多項標的的優點

　　分散風險的好處是可以較低的風險達成目標報酬率，尤有甚者，做得好，不僅可以降低風險，還可以增加報酬。簡言之，**分散風險就是把投資分散在多重標的上，避免集中投資，血本無歸。**

　　比方，有的股票現在看起來不錯，一不小心，可能手上握有的是廢票。投資報酬的風險可分為「可分散風險」與「無法分散風險」，前者又稱為屬於「證券自身的特殊風險」，後者也有個名稱叫做「系統性風險」。

　　「證券自身的特殊風險」可以很容易分散掉，只要同時投資許多標的即可。「同時投資多重標的」是減少「證券自身的特殊」風險的關鍵因素，意思是：每次投

資時，「同時」投資很多標的，例如每次投資一萬元在幾十個，甚至幾百個標的上，而不是這一次以一萬元投資一支股票，等到下一次有一萬元時再投資另一支股票。

在共同基金沒出世前，如果投資金額不大，基本上很難分散風險，假設台積電的股價是 400 元，買一張就要 40 萬元，也許有的人會說，現在可以用 400 元買一股零股，但是在 2020 年以前，在台灣買零股不像現在這麼方便，即使是現在，投資人要同時買幾十種股票的零股也很麻煩，何況還要管理這些零股。

現代投資人很幸運，1960 年代共同基金在美國開始普及化，讓投資人可以很容易買一個投資在許多標的之基金，達到分散風險的效果。之前，除非是很有錢的人，一般人很難「同時」投資很多標的。共同基金雖然提供了分散風險的方便性，但是投資人還有一個煩惱沒有解決：如何選擇一個好的共同基金。

1970 年代以前，共同基金都屬於「主動型」，基金經理人操作的目的是要給投資人高的投資報酬，共同基金的表現卻參差不齊，而且經常無法持續有好的績效。1971 年富國銀行（Wells Fargo Bank）設計了第一個指數型基金，後來由先鋒基金公司（Vanguard）發揚光大，指數型基金大幅降低了投資人選擇基金的煩惱，例

如只要願意拿到整體市場（例如台灣股市）的績效，投資在市場型的指數型基金即可。由於共同基金是很好的分散風險投資標的，在本書第 5 堂課會深入說明投資人該如何投資共同基金。

為什麼「同時」投資很多標的會比少數標的好？以股票為例，實務上，**沒有兩支股票的報酬與風險是一樣的**，也就是兩支股票不可能永遠亦步亦趨，漲幅與跌幅永遠都一樣。即使在同一個產業裡，做相同產品的公司，也會有不同的漲跌幅，因為兩個公司的策略、經營效率、企業文化等不會完全一樣，所以，投資兩支股票所得到的報酬與風險，會由這兩支股票決定，而非只有單一股票的報酬與風險。

比方甲股票是「景氣循環股」，即公司獲利與經濟景氣息息相關，經濟好時賺錢，經濟壞時賠錢；乙股票是「反景氣循環股」，公司獲利與經濟景氣相反，景氣好時，公司反而賠錢。多數公司屬景氣循環股，少數公司像販售特別廉價品的公司屬反景氣循環股，景氣差時生意反而比較好。如果投資人只擁有甲或乙，投資報酬就會完全由經濟狀況決定，風險很大，可是如果同時投資甲和乙，兩者的報酬會相互抵銷一部分，大幅減少投資風險。

多標的投資投報率算一算

　　為了讓大家能更具體了解箇中差異，以下我用實際的數據來推算給大家看：例如，甲股票是景氣循環股，景氣好時年報酬率是20%，景氣壞時是–10%（即損失10%），乙股票是反景氣循環股，景氣好時的年報酬率是 -10%，景氣壞時是20%，如果過去十年景氣參差，好壞參半，即一年景氣好，一年景氣壞，那麼甲、乙股票的年平均報酬率都是5%，因為（20% –10% +20% –10% +20% –10% +20% –10% +20% –10%）/10 = 5%。

　　如果只投資在甲或乙，平均會拿到5%，可是風險不小（有時得到20%，有時得到–10%），但是如果一半的錢投資在甲，另一半在乙，每一年都會得到5%。例如你有100元，50元投資在甲，50元投資在乙，景氣好時甲股票賺10元（50×0.2 = 10），乙股票賠5元（50×–0.1 = –5），總共賺5元；景氣壞時甲股票賠5元（50×–0.1 = –5），乙股票賺10元（50×0.2 = 10），總共賺5元。所以，五年景氣好時賺5元，報酬率是5%（5/100），五年景氣壞時也賺5元，報酬率是5%（5/100），這種投資是完全沒有風險的，比有時得到20%，有時得到–10%的風險低很多，但是報酬率卻沒有降低，這就是分散風險比「雞蛋放在同一個籃子」

更好的一個例子。

　　上述這個例子是平均報酬不變，風險下降的例子，在某些情況下，原來擁有一支股票，再加入另一支股票後，不但風險下降，平均報酬也會增加，這種結果就讓人喜出望外了。

　　例如，如果景氣好時甲股票的年報酬率是 10％，景氣壞時是 –5％（即損失 5％），景氣好時乙股票的年報酬率是 –10％，景氣壞時是 30％，而且如果過去十年景氣好壞參半，甲股票的年平均報酬率是 2.5％，乙股票的年平均報酬率是 10％。如果只投資在甲，平均只會拿到 2.5％（五年得到 10％，五年得到 –5％），如果一半的錢投資在甲，另一半在乙，平均會拿到 6.25％（五年景氣好時得到 0％，五年景氣壞時得到 12.5％），比僅投資於甲高，風險也比較低，原來僅投資於甲時，景氣好時賺 10％，分散風險後賺 0％，原來景氣壞時賠 5％，現在賺 12.5％，賺與賠的情形不像分散風險前那麼極端。

　　上例甲股票與乙股票的報酬是相反方向變動的，實務上稱這種關係是「負相關」，分散風險的效果特別好，但是多數股票的獲利與經濟景氣息息相關，經濟好時賺錢，經濟壞時賠錢，這些股票之間的關係是「正相關」。可以想像，投資於負相關的股票所產生的分散風

險效果會比投資於正相關的股票好，因為報酬互為抵銷的程度較高，就如上例所示。

可是投資於正相關的股票也會有分散風險的效果，只要股票之間不是完美正相關即可，即兩支股票並非亦步亦趨，漲幅與跌幅永遠一樣。例如，甲股票是景氣循環股，景氣好時年報酬率是 20％，景氣壞時是 −10％（即損失 10％），如果過去十年景氣參差，好壞參半，即一年景氣好，一年景氣壞，那麼甲股票的年平均報酬率是 5％，因為（20％ −10％ +20％ −10％ +20％ −10％ +20％ −10％ +20％ −10％）/10 = 5％。

假設乙股票也是景氣循環股，景氣好時年報酬率是 8％，景氣壞時是 −2％（即損失 2％），如果過去十年景氣參差，好壞參半，即一年景氣好，一年景氣壞，那麼乙股票的年均報酬率是 3％，因為（8％ −2％ +8％ −2％ +8％ −2％ +8％ −2％ +8％ −2％）/10 = 3％。

如果只投資於甲，風險是有時得到 20％，有時得到 −10％，但是如果一半的錢投資在甲，另一半在乙，平均每年會得到 4％。例如你有 100 元，50 元投資在甲，50 元投資在乙，景氣好時甲股票賺 10 元（50×0.2 = 10），乙股票賺 4 元（50×0.08 = 4），總共賺 14 元；景氣壞時甲股票賠 5 元（50×−0.1 = −5），乙股票賠 1 元（50×−0.02 = −1），總共賠 6 元。所以，景氣好時

每年賺 14 元，報酬率是 14％（14/100），景氣壞時每年賠 6 元，報酬率是 –6％（–6/100），十年的平均報酬率是 4％，因為（14％ –6％ +14％ –6％ +14％ –6％ +14％ –6％ +14％ –6％）/10 = 4％。

甲加乙的報酬率雖然比僅投資於甲的報酬率低（從 5％變成 4％），但是風險也降低了，本來甲的報酬可能是 –10％或 20％，但是新的投資組合的報酬只會是 –6％或 14％。對於願意犧牲一些報酬，換取較低投資風險的人而言，這是一個分散風險有好處的例子。對於想要增加報酬，也願意多承擔風險的人，如果原來有乙股票，可以藉由也投資甲而提高報酬，雖然必須承擔較高的風險，可是比僅投資甲的風險低。

「標準差」愈大，風險愈高

風險可以用一個簡單的數值代表，叫做「標準差」，以下以每年的報酬率說明標準差的意義，假設有資料可以計算過去 30 年每一年的報酬率，例如從一年的年底到下一年底的報酬率，我們即有 30 個年報酬率，而且可以計算這 30 個年報酬率的平均數，即加總每年的報酬率後除以總年數 30，會得到平均報酬率。

基本上，過去每一年的報酬率都不會與平均報酬率一樣，這就是投資的風險，有時報酬率會高於、有時會低於平均數。

以下以身高為例，幫你了解標準差，例如一個小學一年級的平均身高是 121.3 公分，通常班上不會有一個學生的身高剛好是 121.3 公分，一半以上的學生身高會高於平均，一半會低於平均。這個班的身高標準差可以幫我們衡量有多少百分比的學生，他們的身高會落於平均數加減某個數目的標準差這個範圍之間。

依本例，會有大約 68％的機會學生身高落於「平均身高 −1 個標準差」和「平均身高＋1 個標準差」之間。假設身高標準差為 5 公分，即會有大約 68％的機會實際身高落於「121.3 − 5」和「121.3 ＋ 5」之間，也就是 116.3 與 126.3 公分之間。

會有大約 95％的機會學生身高落於「平均身高 −2 個標準差」和「平均身高＋2 個標準差」之間，即會有大約 95％的機會實際身高落於「121.3 − 10」和「121.3 ＋ 10」之間，也就是 111.3 與 131.3 公分之間。

會有大約 99.9％的機會學生身高落於「平均身高 −3 個標準差」和「平均身高＋3 個標準差」之間，即會有大約 99.9％的機會實際身高落於「121.3 − 15」和「121.3 ＋ 15」之間，也就是 106.3 與 136.3 公分

之間，換句話說，大致所有同學的身高都在 106.3 與
136.3 公分之間。

報酬率標準差與身高標準差是一樣的意思，會有大
約 68％的機會實際的報酬率落於「平均報酬率－1 個
標準差」和「平均報酬率＋1 個標準差」之間。假設
平均報酬率為 10％，標準差為 20％，即會有大約 68％
的機會實際報酬率落於「10％－20％」和「10％＋
20％」之間，也就是 –10％與 30％之間。

會有大約 95％的機會實際的報酬率落於「平均報
酬率－2 個標準差」和「平均報酬率＋2 個標準差」之
間。假設平均報酬率為 10％，標準差為 20％，即會有
大約 95％的機會實際報酬率落於「10％－2×20％」和
「10％＋2×20％」之間，也就是 –30％與 50％之間。

會有大約 99.9％的機會實際的報酬率落於「平均報
酬率－3 個標準差」和「平均報酬率＋3 個標準差」之
間。假設平均報酬率為 10％，標準差為 20％，即會有
大約 99％的機會實際報酬率落於「10％－3×20％」和
「10％＋3×20％」之間，也就是 –50％與 70％之間。

**標準差愈大，實際報酬率為比較極端的值的機會就
比較大，也就是風險比較大。**如果上例中，標準差為
30％，會有大約 68％的機會實際報酬率落於「10％－
30％」和「10％＋30％」之間，也就是 –20％與 40％

之間。

　　以上述投資甲股票和乙股票的兩個例子觀之，不論景氣如何，只投資甲會碰到比較極端不好的狀況，可是如果也投資乙，所碰到的不好狀況會比較不極端，表示標準差變小了，這就是分散風險的好處，分散風險後標準差會變小。

　　我們可以用公式計算標準差，但是一般投資人不需要自己計算標準差，因為過去的報酬率資料並非唾手可得，而且金融機構可以幫投資人計算標準差。如果投資基金，基金公司會揭露報酬率標準差，你需要了解的是標準差的意義，也就是標準差高的基金風險比較大。

　　此外，必須了解，標準差可能隨時間改變，因此可以要求基金公司提供不同期間的標準差。至於各股的標準差，通常券商不會提供給投資人，投資人僅能從股價的波動性判斷，**波動大的股票，標準差比較大，風險比較大。**

有些風險無法被分散掉

　　除了標準差可以變小之外，分散風險的另一個重要好處是，不太可能所有的股票都同時倒閉，可是如果只

投資少數股票，這個機會就比較大了。因此，分散風險可以強化「等」的能力，就算有少數股票讓你血本無歸也沒關係。但這也不是零風險，當有一個風險發生時，所有的股票都受到影響，例如發生強烈地震，受災區的企業都受到影響，這種情況下，分散風險的效果就受限了。接下來我們討論這種風險。

上面的例子，**同時投資兩支股票可以說明分散風險的好處**，既然僅投資兩支股票即會有降低風險、甚至增加報酬的好處，直覺上，如果能投資多於兩支股票，好處應會更多才對。的確，當投資的股票數目愈來愈多時，例如一千支、一萬支、十萬支等，每一支股票單獨的風險就愈來愈不足道了。例如僅擁有十支股票，你可能會關心每一支股票的狀況，如果投資一百支股票，可能就比較不擔心當中一支出問題了，因為畢竟僅占投資的一小部分，如果擁有一千支股票，則對每一支股票的關心程度一定很小了，一方面是力有未逮，另一方面則是每一支股票相對於整個投資組合的重要性非常低。

現代投資人可以經由共同基金同時投資於成千上萬的股票，所以很容易可以有一個「非常」分散風險的投資，在這種情形下，單一股票對投資人「算是沒有」風險了，因此個別公司的風險可以經由「很」分散的風險而消除。可是有沒有可能很多支股票同時表現不好呢？

答案是：會的，而且是常態。那麼分散風險到底是怎麼一回事呢？

　　如果你曾經觀察過股市的變化，對股市的起起伏伏會很有感覺，例如代表台灣股市表現的發行量加權指數每天都變化。本書在第 5 堂課中將介紹指數型基金，你會了解基金公司可以提供指數的報酬率給投資人，例如「台灣 50」指數型基金（代號 0050）會給投資人台灣 50 指數的報酬，而該指數包含了台灣 50 個最大型公司的股票，算是個頗分散風險的基金，但是台灣 50 指數也是隨時波動的。

　　為什麼沒有辦法把所有的風險「分散」掉呢？因為每一個公司與其他的公司都受到一些共同的因素所影響，例如颱風，當有強颱襲擊台灣時，可能斷水斷電，造成所有公司的營運一起受到影響，只是影響程度不同而已。因此，藉由增加投資組合的股數所能達到的分散風險效果有所限制，例如發生颱風的風險沒有辦法藉由把所有台灣的股票都納入投資組合而分散掉。可是僅跟一個公司有關的特殊風險可以被分散掉，例如，一個公司因疏失發生火災，別的公司不會也有同樣的情形，當投資組合裡的股票數目很大時，一個公司發生火災的風險對整個投資組合的報酬率影響很小。

　　所以有些風險可以因投資組合的投資標的數目擴大

而分散掉，例如上述的火災風險，有的風險沒有辦法因
擴大投資組合而分散掉，例如發生強颱。因此，我們可
以把投資組合的「總」風險分成兩部分，可以分散的
部分叫做「可分散風險」，這部分是每個公司特有的風
險，與別的公司無關；不可分散的部分稱為「不可分散
風險」，這個部分是所有公司共同面對的風險，又叫做
「系統性風險」。

　　投資組合納入的投資標的數目增加時，可分散風險
的部分會分散掉而愈來愈小，最後剩下無法分散的系統
性風險部分，研究顯示，如果隨機選取股票納入投資組
合中，當投資組合的股數達幾十支時，大部分可分散風
險即可以分散掉了，剩下的是系統性風險。

系統性風險的衡量值 ——
「貝它（β）」

　　為什麼無法分散掉系統性風險呢？主要原因是，在
同一個市場中的公司有天生的臍帶關係，就好像同一個
母親生下來的小孩有血緣關係。自然與人為災害，是企
業間臍帶關係的根源，台灣的颱風與地震發生時，大家
都受到影響，人類污染環境或者浪費資源影響了全球所

有的人，所以 ESG（環境、社會、治理）問題已漸漸變成所有企業的挑戰了，這些風險當然不會因為投資了全台灣的股票甚至全球的股票而消除，因之稱為系統性風險。

當系統性風險發生時，不見得每個企業受到同樣的影響，例如 2022 年 2 月，俄烏戰爭發生後，造成能源與食物價格高漲，惡化了全球的通貨膨漲問題，許多國家趕緊升息，想抑制通膨，對全球經濟產生了負面影響，股市大跌，但是有一些公司卻獲得漁翁之利，例如石油與天然氣能源公司就發了戰爭財，股價因而不跌反漲。因此，當全體市場的報酬不好時，不同公司的股價表現並非一樣，而當全體市場的報酬好時，不同公司的股價表現也不會一樣。

所以，個別公司股票的報酬與全體市場的報酬有不同的關聯度，當像颱風的系統性風險發生時，如果某個公司的股票變動比市場大，我們說這個公司的系統性風險必較高，例如市場漲（跌）了 10％，而公司的股票漲（跌）了 12％；如果公司的股票變動比市場小，我們說這個公司的系統性風險必較小，例如市場漲（跌）了 10％，但公司的股票只漲（跌）了 8％。

當市場漲（跌）了 10％，公司的股票漲（跌）了 12％，該公司股票的漲（跌）幅是市場的 1.2 倍，在

這裡，1.2 倍這個漲跌數字有個希臘字母名字──「貝它」（beta），貝它代表了股票報酬相對於整體市場的波動程度。貝它愈高，表示股票相對於市場的波動愈大，也就是當系統性風險發生時，報酬波動比市場愈多，所以貝它也叫做「系統性風險的衡量值」。當市場漲（跌）了 10％，公司的股票漲（跌）了 8％，該公司股票的漲（跌）幅是市場的 0.8 倍，貝它值就是 0.8，比貝它值 1.2 小，也就是系統性風險比較小。

運用貝它分散系統性風險

貝它等於 1 的股票，其報酬會與整體市場相當，貝它小於 1 的股票，報酬的波動會比整體市場小。如果一個投資人了解分散風險的好處，也知道系統性風險沒有辦法被分散掉，為了分散風險，他會擁有一個投資標的數目較多的投資組合，在預期一支股票與另一支股票的相對報酬率的大小將是多少時，會期待在市場上漲時，貝它大的股票有較高的報酬率，這個關係可以幫助投資人判斷一個共同基金的表現好不好，貝它大於 1 的基金的報酬應該比整體市場高，如果不然，這個基金的表現相對於它的系統性風險就不算好，這是我們在選擇基金

時要有的基本概念。

　　就像標準差一樣，我們不需要自己算貝它值，基金公司會提供貝它值給投資人參考，貝它也會隨不同時間而有不同的數值，投資前可以請金融機構提供不同期間的貝它值參考。不同期間的貝它值愈穩定，我們對系統性風險的掌握會愈好。

　　雖然系統性風險無法藉由擴大投資組合分散掉，但是投資人可以藉由擁有不同貝它值的基金改變投資組合的風險，例如可以增加貝它比較大的基金，擴大系統性風險，也可以增加貝它比較小的基金，縮小系統性風險，在多頭市場中，貝它較大的基金，報酬率較高，在空頭市場中，貝它較小的基金，報酬率較高。

　　可是投資人必須要有擇時的本事，才能精準判斷多頭或空頭，在第 5 堂課我會繼續說明，為何投資人還是選擇市場指數型基金為宜，投資人可以省掉搜尋及選擇基金的時間，不僅完全掌握系統性風險（市場指數型基金的貝它是 1），而且節省投資的時間與費用，何樂而不為！

周教授說

　　投資人如果只擁有少數個股，必須承擔個股的特有風險以及系統性風險，如果可以經由擴大投資組合把個股的特有風險分散掉，而且不需要犧牲報酬，這是一個非常划算的事情。

　　如果擁有的是可以提供整體市場報酬的基金，這種指數型基金已經沒有公司特有的可分散風險，而且歷史經驗顯示，整體市場的平均報酬率是正數，只要投資人有「等」的能力，幾乎已立於不敗之地了！

第 **4** 堂課

∶

散戶最常犯的
「心理偏誤」

　　我總是一再提醒：選股與擇時不是一般投資人做得到的，除了資訊與專業不足外，投資人還有一個很難克服的弱點：就是我們並不是如自己想像中那麼理性。容易因為各種不理性或情緒，犯下投資錯誤，對一生的理財結果將造成負面影響。

　　然而，還是有不少學生或散戶對自己的判斷充滿信心，也對操作股票躍躍欲試，以下我列出散戶在投資股市時常見的迷思和偏誤，提醒大家在進場前能先做好心理建設。

股價多半偏離基本面

　　為何**投資人總是無法理性、有效的選股與擇時？最關鍵的因素就是 —— 資訊不夠充分**。「資訊」才是真正決定短期投資績效的因素，但是散戶沒有好的資訊來源，即使有，也無法精確判斷投資的價值。何況金融機構如果有好資訊，也會優先提供給高淨值客戶，而最好的資訊屬內部資訊，一般人並不容易觸及。

　　許多專業投資人利用公開資訊研究公司的良窳，例如分析企業的財務報表、公司年度報告、媒體報導等，基本上，只要這些資訊是正確的，的確可以幫助判斷公

司的前景。

利用公開資訊研究公司良窳的方式，稱為「基本面分析」，基本面分析想產生好結果，必須有幾個條件：

其一、分析者本身須受過長期專業訓練，具備分析專長。

其二、專業投資人有其他資訊管道幫助判斷公開資訊的可信度及時間的有效程度。

其三、專業投資人也了解，基本面分析的結果僅能做為參考，有太多無法預測或掌握的因素會影響證券價格，因此投資時會控制風險，像風險中立交易策略就會減少風險，例如對景氣看好，每次買一支看好的股票也同時借券賣出另一支在同產業中較不看好的股票，如果該產業表現好，看好的股票所賺的錢會比看差的所賠的錢多，就算該產業意外地表現差，看好的股票所賠的錢會比看差的所賺的錢少，所以看對股票會賺到錢，即使看錯股票也不會賠太多，因為兩支股票的賺賠會互相抵銷一些。

如上所述，即使專業投資人很會分析，分析結果也僅能做參考，一支證券的真正價值沒有任何人能確定。但是大家可以想見，當證券的市場交易價格與「真正」的價值差異過大時，專業投資人會依據他們的判斷，利用這種情形獲利，這種行為稱為「套利」。

例如台積電的股價的真正價值應該是 400 元，可是市價為 450 元，因為與專業投資人的判斷差距過大，他們會借券賣出台積電股票，希望股價回到真正價值時（市場用語為「回到基本面」時），可以獲利。

　　這種套利行為將驅使台積電的股價不致偏離基本面太多，是不是因此散戶就可以經常買在合理的價位呢？答案是否定的，我們有理由相信，台積電的股價偏離基本面是常態，儘管不是經常過於偏離基本面，這種情形使得散戶的交易價格經常與真正價值有出入，造成極大的短線交易風險，可是如果是長期投資，這種交易價格的偏差會被長期的投資報酬吸收掉，所以一般人應避免短線交易。

　　哪些因素導致股價常態性地偏離基本面呢？第一個原因：散戶是雜訊交易者，他們基於錯誤的資訊交易，使得股價偏離基本面；第二個原因：即使是專業投資人，但是有些因素造成專業投資人力有未逮，無法順利套利；第三個原因：投資人不夠理性，會因情緒或認知偏誤（cognitive bias），做出錯誤的投資決定。第一、二個原因與資訊有關，可能基於某些因素，即便專業投資人也無法很容易地獲得好資訊，或者即使獲得了新資訊，需要時間才能判斷資訊的價值；第三個原因屬於行為財務學（behavioral finance）的領域，雖然投資人獲

得資訊，可是無法理性地詮釋資訊，做出有利於自己的
判斷。

套利的限制

　　我們必須先有一個概念：股票價格由投資人的預期
及交易決定。每當新的資訊產生時，例如俄國攻擊烏克
蘭，投資人會依據資訊判斷對股價的影響，如果投資人
的判斷迅速且精確，並據以交易，股票價格就會迅速
反映這個新資訊，在這個情況下，我們說市場有效率，
股價能迅速反應新的資訊。同樣的，如果新資訊的產生
是隨機的、無法預測的，那麼股價的變化也是隨機的、
無法預測的。比方投資人無法精準預期俄國是否會攻擊
烏克蘭，或者不知道攻擊的明確時間點，就無法預測股
價將如何變化，必須等到有新的資訊出現，股價才會變
化。

　　投資人獲得俄國攻擊烏克蘭的新資訊後，並據以交
易就是一種套利行為。類似的套利行為無所不在，如果
每個投資人都能精準判斷新資訊對股價的影響，股價將
永遠會在新資訊到來時正確改變，直到另一個新資訊到
來為止。

但是，實務上專業投資人可能無法很容易獲得好資訊，或者必須經過一段時間研究後，才能判斷新資訊的價值。在這種情況下，市場價格就無法立即反應新資訊，造成市場在充分反應新資訊的價值前，無法處於很有效率的狀態。如果資訊需要花費成本及時間才能獲得，下面這個日常生活中尋找停車位的例子，可以幫助大家了解市場有時會缺乏效率的原因：

公園的停車空位可以幫助我們了解為何市場有時有效率、有時沒有效率。台灣社區中的公園旁經常有停車位供居民停車，當駕駛要找停車位時，會開車去公園繞一繞尋找空車位，運氣不好時找不到車位，但有時候找得到。如果找到車位，會毫不客氣地立即占據該車位，這時停車市場可謂有效率，因為有停車空格的資訊馬上被利用了。

試想一個狀態，當公園旁的停車位都已被占據之後，後來找車位的駕駛都將失望而去，久了以後，來公園旁找停車位的駕駛將減少，因為他們不願花時間後徒勞無功，這種情況下，即使有停車位空出，不會立即被占據，要等到下一位不信邪的駕駛來找車位時，才會被占據，所以有車位的新資訊要過了一陣子才被人知道，知道之前，車位是空

的，市場居於無效率狀態，等到新資訊被知道以
後，車位又填滿了，市場恢復有效率。這個現象是
因尋找車位要花成本及時間導致的。

從尋找並利用資訊的角度觀之，除了要花成本之
外，還有其他原因造成套利有限制，市場不可能經常處
於有效率的狀態。

1、獲得及分析資訊都需要成本，而實務上也不可
　　能獲得所有的資訊。[註1]
2、基本面可能突然改變，造成套利者的風險，使
　　得套利者不敢奢望能獲得完全的套利利潤而充
　　分套利。
3、法規限制，例如許多國家對融（借）券賣空有
　　所限制，使得套利者無法方便地套利。
4、模型風險，有了資訊之後，必須分析才能判斷
　　資訊的價值，有時我們據以判斷的理論可能是
　　不正確或不完整的，造成套利有風險。
5、雜訊交易者攪局，如以前所解釋，散戶以不正
　　確或誤判的資訊交易會使股價偏離基本面。

由於套利的限制，市場價格經常未充分反應資訊，

使得一般人經常買賣證券在不正確的價位上而吃虧，而短線交易者很容易因此被專業投資人占便宜。但最傷害投資人的，可能是投資人自己因不夠理性所犯的投資錯誤，當你了解以下這些可能的傷害後，就更能體會八喜法則的優點。

可能造成損失的不理性因素

　　一般人總是覺得自己是理性的，說別人「不理性」，感覺好像是指那個人不可理喻、不講道理，無法用常人的邏輯溝通。傳統的投資學也有一套邏輯，認為投資人會做對自己最有利的決策，像是投資人喜歡報酬，卻厭惡風險，如果兩個投資機會的報酬會一樣，投資人偏好風險小的那一個投資。以這個邏輯來說，我們會說分散風險是好的，如果分散風險可以維持報酬率，但是讓風險變小，「理性」的投資人應該這樣做。

　　在這種邏輯下，我們推衍出投資人的交易行為，從而推斷證券的價格該如何受影響，一個好例子就是第5堂課會談到的 ETF 的套利，沒有什麼風險，而且可以獲利，投資人應該會這樣做，而實務上投資人也真的這樣做。

　　但是在許多情形下，投資人的行為與傳統邏輯所預期的不見得會一樣，進而造成對證券價格有特殊的影響。研究發現，如果投資人被詢問的方式不同，對相同的問題，會有不同的反應，或者說，相同資訊的呈現方式不同，會導致投資人產生不同的反應。這種情形讓人覺得投資人不夠理性，因為如果決定偏好的邏輯沒有改變，所做的決定就不該因為資訊呈現的方式而有所改變。

框架效應

　　諾貝爾獎得主康納曼（Daniel Kahneman）與他的同事特福斯基（Amos Tversky）是行為財務學（Behavioral Finance）的始祖，他們做過許多實驗，證明人的不理性行為，其中一個實驗設計是這樣[註2]：

　　先請受試者從下列選項中二選一 ──

　　假設你原來有 $1,000，若選擇甲，將得到 $500，若選擇乙，有 50％ 的機會將得到 $1,000，但也有 50％ 的機會將得到 $0。（如**圖表 4-1**）

圖表 4-1　框架效應實驗 —— 正面表述組

選項	如果你有 $1,000
甲	將會得到 $500
乙	有 50%機會將得到 $1,000 有 50%機會將得到 $0

　　實驗結果發現，多數人會選擇甲，不願意賭一下說不定運氣好可以贏得 $1,000，寧可確保 $500 入袋為安就好。

　　如果選項改成假設你原來有 $2,000，若選擇丙將損失 $500，若選擇丁，有 50％機會將損失 $1,000，有 50％機會將損失 $0。（如**圖表 4-2**）

圖表 4-2　框架效應實驗 —— 負面表述組

選項	如果你有 $2,000
丙	將會損失 $500
丁	有 50%機會將損失 $1,000 有 50%機會將損失 $0

結果發現，多數人會選擇丁，願意賭運氣，說不定運氣好可以沒有損失，可以保住本金 $2,000。

其實對受測者而言，這兩組選項的實際結果是一樣的，只是講法不同而已。選擇甲與丙會得到的金額是確定的 $1,500，選擇乙與丁，都有 50% 的機會最後得到 $2,000 或是 $1,000。

兩組選項的差別是，第一組選項的講法是正面的，會「得到」多少金額；第二組選項的講法是負面的，會「損失」多少金額。

這個實驗顯示，**人們的選擇會因被呈現選項的方式不同而改變**。當呈現的方式為正面的「獲得」時，人們會「保守」地選擇有確定結果的選項；當呈現的方式為負面的「損失」時，會「積極」地選擇賭運氣。類似的實驗被許多不同的學者做過，也都得到類似的答案，我教投資學時，班上的同學也有類似的選擇。

這個現象被稱為「框架效應（framing effect）」，即相同資訊會因呈現方式不同，導致人們有不同的反應。實務上，研究也發現，理財顧問會利用框架效應行銷金融商品。例如要推銷股票型商品時，會強調獲利潛力，要推銷風險低的債券型商品時會強調保本。

展望理論

康納曼與特福斯基的發現，促成了他們提出著名的「展望理論（prospect theory）」，[註3] 探討人們在面對風險性決策時，常會犯下的錯誤。展望理論常被應用解釋一些投資行為，像是與利得（gains）相較，投資人較看重損失（losses）。如同上述的實驗結果，相較於某財富水準，投資人對財富的增加（獲利）與財富的減少（虧損）的風險態度不同，獲利時著重風險規避，虧損時則是更傾向風險追求，可見理財行為和心理學息息相關。以下列出一些從展望理論衍伸而出的常見投資心理偏誤：

處分效應（disposition effect）

投資人投資股票賺錢的時候，因為風險趨避，擔心拿不到獲利而太早賣賺錢股；股票賠錢的時候，因為不甘損失，追求風險而太晚賣賠錢股。所以有許多投資人，時間久了以後，手上留著的都是賠錢貨，賺錢的早就賣掉了。

稟賦效應（endowment effect, status quo bias）

投資人傾向於安於現狀（status quo bias），因為損

失的痛苦比獲得利益的快樂大，或者敝帚自珍，認為手
上的股票比別人好，因此該賣股票的時候不賣股票。

沉沒成本效應（sunk cost effect）

因為不願意接受先前投入的資金已損失的事實，投
資人經常會繼續持有，這個跟釣魚釣了幾小時一無所
獲，卻不願放棄的情形類似。就因為捨不得白費時間，
忽略後來是否會釣到魚與之前已經花的時間是無關的。

後悔（regret）

一般人會因為後悔而痛苦，[註4]例如有一個實驗
顯示，甲在一個遊戲中選擇藍色球而獲得 100 元，乙在
另一個遊戲中選擇了紅色球得到 150 元，但卻被告知如
果選擇了藍色球會得到 1,000 元。大部分人會覺得甲比
較快樂，因為乙有強烈的後悔感覺。擇時與選股的投資
人很可能因為決策錯誤帶來的後悔而減少投資，定期定
額投資法（dollar cost averaging）因為讓投資人避免擇
時，可以減少擇時錯誤產生的後悔所帶來的痛苦；指數
投資法可以讓投資人避免選股，減少選股錯誤產生的後
悔所帶來的痛苦，使得投資人願意長期投資，得到以時
間換取報酬的好處。

大家不妨回顧過去的投資經驗，說不定也發生過類

似情形，也大概可以了解，短線投資人很容易受到處分效應、稟賦效應、沉沒成本效應等負面影響。

心理帳戶

　　人類有一種有趣的心理現象，與理性背道而馳。對「理性」的經濟學家而言，錢就是錢，不會因為存放在不同的帳戶裡而有所不同。例如，本來打算給小孩念書的錢，也可以做退休的用途，因為所有的錢都是一樣的，可以匯集一起，做最有利的運用。

　　但是，投資人常會把錢「放在」不同的「框格」裡分開思考，有的框格可以互通，有的不能互通，形成所謂的「心理帳戶（mental account）」。

　　例如，在「心理帳戶」的影響下，投資人會把資本利得與股息放在不同的框格裡，這些框格裡的錢，對投資人來說有不同的意義，絕對不能相互流通。另外，就像「存股」這個概念，有些人喜歡投資於固定配發高股息的股票，拿配息當成退休金使用。研究發現，如果某一年公司為了增加資本支出，決定減少配息，這些著重「存股」的散戶會非常生氣，覺得公司背棄了他們，其實他們並未受到影響，只要資本利得與利息稅率相同，資本利得與配息是一樣的，因為每當配息後，公司的股

價會以配息金額下跌，在不配息的情況下，如果股東需要花錢，賣掉一點股票，拿回資本利得即可。但是受限於「存股」概念的投資人卻不這樣想，會執著於「存股」就是為了退休，怎麼可以賣掉呢？賣掉之後，退休不就不安全了？這個就是心理帳戶對投資人的影響。

　　另外一個好例子，就是一個人可能同時買保險也買彩券，買保險是規避風險的行為，買彩券是投機行為，這兩種行為的風險偏好相反，為何同一個人會出現這兩種風險偏好矛盾的行為？那是因為他心中有兩個心理帳戶：一個是低風險，安全的帳戶；另一個是高風險，想一夕致富的投機帳戶。

其他形式的認知偏誤（cognitive biases）

　　行為財務學正蓬勃發展，許多研究發現，一般人可能發生各種形式的「認知偏誤」，而無法做理性的決定，如果做短線交易，很容易受到負面影響。以下是一些常見例子：

過度樂觀（over-optimism）或
不切實際的樂觀（unrealistic optimism）

　　過度樂觀的人覺得壞運不會發生在自己身上，所以

比較容易做過度冒險的投資行為。此外，他們常以主觀判斷市場，而不是以市場的客觀資訊做判斷，比較可能忽略市場的負面資訊，但是當正面資訊出現時，就會覺得自己的樂觀被證實了。會建議過度樂觀者，多採用指數型、配息再投資的長期複利投資方式，可以幫助避免過度冒險所產生的不好投資後果。

過度自信（over-confidence）

過度樂觀的人相信自己運氣好，像是有人覺得自己有「偏財運」之類，過度自信的人則是覺得自己的能力強，運用自己的能力就可以造成好的結果。例如研究顯示，當駕駛被問及自己的駕駛技術時，如果受測者是理性的，應有一半的駕駛會說自己比平均好，一半認為自己比平均差，但事實上會有超過 80％受測者覺得自己的技術比平均好，當中的偏差值就是來自過度自信者。過度自信的投資者多半會頻繁交易，而研究顯示，一般人在股市中交易愈頻繁，投資績效愈差。

確認偏誤（confirmation bias）

人經常對事情有預設的看法，會尋找或關注與自己看法一致的資訊，當收到所見略同的資訊時，會強化自己的信念。這種現象在政治上很常見，當已經支持某政

黨或候選人時，會積極閱讀或觀看相關正面信息，因而強化了自己的支持度。在投資方面，我們積極尋找能夠佐證自己意見的資訊，只認同與自己想法一樣的資訊，而做出錯誤的投資決策，例如可能偏好投資某產業的股票，導致分散風險不夠，又例如只覺得高股息股票比較好，而忽略了公司必須留下足夠的盈餘做研發與資本支出。所以如果必須時常做選股或擇時的決策，將因此而犯錯，倒不如定期定額以指數型投資，避免這種投資決策的錯誤。

擇「信」固執（believe bias）

與確認偏誤類似，人們由於有預設立場，會基於自己所「相信」的事物（情感、意識形態等），去判斷某個資訊或論述的正確性，並拒斥與自己相信不一致的言論。在投資方面，儘管獲得的是客觀資訊，受「擇信固執」影響的投資人會傾向不相信該資訊，而做出錯誤的投資決策。

捷思偏誤（fast thinking bias）

人們喜歡靠直覺或情緒，甚至簡單的法則做決策，不喜歡以嚴謹的思考結果做判斷，因此經常做出來的投資決策不夠嚴謹，例如喜歡聽信報明牌，靠直覺做決策

等。

代表性偏誤（representativeness bias）

　　人們相信「物以類聚」，東西必定是相關的，例如做好產品的公司股票一定好，以這種方式做擇股決策容易做錯誤的投資決策。如果你喜歡擇股，可以注意一下自己是否也有這種傾向，最好的方法當然是避免必須選股。

忽略樣本數過小（small sample bias）

　　人們經常以少數的觀察樣本做推論，忽略了樣本數愈大，通常推論愈精確，因為小樣本中的變異程度很高。例如金融機構新推出一個基金，三個月後表現傑出，理財顧問可能因此推薦給投資人，雖然三個月是很短的時間，有的投資人卻會覺得這是個很好的投資機會。

定錨效應（anchoring）

　　投資人經常以一個並不一定有特別意義的價位，當成是否要買入或賣出的參考點，較常見的參考點是買入價格，如果股價沒有比買入價格高即不肯賣出，這種行為並不理性，因為合理的股價與參考點沒有明顯的關

係，因此投資人可能無法即時賣出該賣出的股票，想要
以交易獲利的投資人會因此有較大的損失。

峰終定律（peak-end rule）

　　人做決策時無法考慮到所有的因素，經常依賴過去
的經驗，以投資為例，過去股價的最高點，經常被散戶
記得，如果當時未賣股票，以後股價未再創新高就不想
賣出；或者以前曾經以低價買入股票，將來會想以更低
的價格買入。人的記憶也經常會被上次的終點經驗關鍵
地影響，例如上次買股票慘賠，可能會有一段時間不想
再投資。

現時偏誤（present bias, temporal discounting）

　　即使未來的報酬高許多，一般人還是會覺得立即可
以得到的報酬，其價值遠比未來能得到的報酬的價值
高，所以投資人沒有耐心等待，希望得到立即的滿足。
這個心理現象造成投資人不願長期投資，因而無法得到
長期投資可以得到的複利效應。要學習以人生的長期眼
光看待投資，這可以經由金融機構定期定額投資或使用
「全人均衡系統」做輔助，久而久之你就會不知不覺長
期投資，避免「現時偏誤」造成的負面效應。

宜家家居效應（IKEA effect）

宜家家居最出名的就是，顧客到店裡買家具回家自己組裝，人們經常會因此覺得自己組裝的家具價值高於付出的價格，也就是過度評價自己參與過的成品。有研究顯示，投資人比較依戀自己組的投資組合，而比較不願意賣掉該投資組合，如果你喜歡自己選股，極可能受到這種負面影響。

從眾效應（Bandwagon effect）

投資人可能隨著人群買股票，一支股票愈流行跟的人愈多，造成股價泡沫，也可能隨著大家賣股票，造成股價崩盤。比方 2021 年時，美國曾出現一些「迷因股（meme stock）」像是賣電玩遊戲的傳統店面 Gamestop，股價因此漲了 685％。

現成偏誤（Availability bias）

有些人喜歡以自己最容易記得的資訊，做投資判斷，這種資訊通常是最近發生或曾經經歷過，印象特別強的資訊，因而無法客觀以更多的資訊做決策。

選擇架構效應（Choice architecture）[註5]

研究發現，不同選擇的特徵被呈現的方式會影

響人的選擇，例如將某選項設計成預設選項（default option）會導引人選擇這個選項，這種設計可以「輕推（nudge）」人去選擇這個選項，例如在薪水單中已預設選項讓員工選擇預扣薪水的一部分做為退休金投資，多數員工會因此投資在退休金上比較多的金額。經過金融機構做定期定額投資也會有類似效果，金融機構定期自動從你的戶頭中扣款，不知不覺中你的投資金額就會比不做定期定額的人多。

賭場營利效益
（House Money Effect, Windfall Effect）

　　根據我和徐苑玲的研究顯示，投資人在之前的交易獲利愈多，之後的交易所承擔的風險愈高[註6]。這個現象與投資人獲得了意想不到的報酬後，接下來會愈投機的假設是一致的，也反映了一般人的一種心理現象，即得到一筆意外之財後，之後會揮霍掉是一致的，這也是賭客在賭場的常見行為，一開始運氣好，贏錢之後未見好即收，反而加碼下注，不僅輸掉原來贏的錢，還輸得精光。

周教授說

　　現在各種媒體提供的投資資訊五花八門，投資人做擇時與選股時的確可以參考，但是看到上述一般人在投資時常犯的心理偏誤，提醒我們在接觸資訊時千萬不要「忘了我是誰」。

　　我們是一般人，跟大家一樣，都會受情緒及認知偏誤的影響，因為我們不夠理性，所以容易做出錯誤的投資決定，而選股與擇時正是讓我們犯這些心理錯誤的捷徑。如果你想要規劃平衡充實的人生，一定要避免讓自己受情緒或認知偏誤綑綁，不要忘了自己的人生規劃，做投資時可多運用「八喜法則」，不僅可以避免因自己的不理性受到損失，而且會做出較為理性而正確的投資決策。

註釋

註 1　Joseph E. Stiglitz and Sanford J Grossman, On the Impossibility of Informationally Efficient Markets, 2001, *American Economic Review.*

註 2　見 https://www.nngroup.com/articles/prospect-theory/

註 3　Daniel Kahneman and Amos Tversky, Prospect Theory: An Analysis of Decision under Risk, 1979, *Econometrica.*

註 4　M. Zeelenberg, Anticipated Regret, Expected Feedback and Behavioral Decision-making, 1999, *Journal of Behavioral Decision Making.*

註 5　Richard Thaler and Cass Sunstein, *Nudge: Improving Decisions about Health, Wealth, and Happiness*, Yale University Press, New Haven, 2008.

註 6　Yuan-Lin Hsu and Edward H. Chow, The House Money Effect on Investment Risk Taking: Evidence from Taiwan, 2013, *Pacific-Basin Finance Journal*, Vol.21, No.1, pp.1102-1115.

第 **5** 堂課

善用指數、基金和
ETF，增加被動收入

　　前面提過，具備「等待」的能力，是投資有好結果的最重要的風險管理防線。而「被動投資」與「長期投資」是培養等待能力的重要法門，尤其甚者，分散風險是被動與長期投資的基石，如果沒有分散風險，是無法做被動與長期投資的。

　　如果只投資少數標的，投資人無法「等待」，需經常關注標的之表現，視情況調整部位，被迫作擇時與選股的積極型投資。

　　如果為了分散風險，必須選擇很多投資標的在市場中分別買入，是一個昂貴、費時，極缺乏效率的分散風險方式，這些還不包括可能選錯投資標的的風險。幸好現代投資人可以投資於指數型基金，輕易、省錢地達到分散風險與被動投資的目的。以下我就來談一下指數（Index）與共同基金（mutual fund）。

「指數」的編制與加權

　　指數（index）的編制目的通常是為了方便表達包含在指數裡面的東西之價值的改變，例如消費者物價指數，代表了社會上一般人消費物品的價格變化，金融商品的指數也表達類似的目的。所有的指數編製方法類

似，可是也有為了編制目的所設計的特殊方法論，這裡介紹的是最常見的指數編製方法。

依最常見的兩種指數編制方法，可分**價格加權指數**（price weighted index）與**市場價值加權指數**（value weighted index）。老指數多為價格加權指數；像日本日經 225 指數（Nikkei 225）與美國道瓊工業指數（DJIA），現在常見的指數多為市場價值加權指數，例如台灣的發行量加權指數、台灣 50 指數、與美國的標準普爾 500 指數。

價格加權指數

價格加權指數的計算很簡單，選擇一個時點為基期，將納入指數的證券價格加總除以證券數目，例如道瓊工業指數在 1885 年的 2 月 16 日即有第一筆的收盤指數 62.76。

當平均數隨時間改變時，指數隨之改變。例如有一個價格加權指數由兩支股票組成，甲股票的價格為 10 元，乙股票的價格為 20 元，指數即為 15（〔10+20〕/2=15），如果甲股票的價格漲為 20 元，指數就變成 20（〔20+20〕/2=20）。

編制股票指數的目的為了解指數包含之股票的表

現，如果因為某些因素，指數的數值改變了，但是指數
包含之股票的表現其實並未改變，將因此誤導投資人，
所以當這些因素發生時，指數必須要做調整。這些因素
包含、但不限於指數成分股改變和發放股票股利（國際
上的股票分割）等事件。調整的方法是調整計算指數的
除數（divisor），使得指數不會因為這些因素而改變。

　　例如上例中，指數為 15，如果未來甲的價格未改
變，還是 10 元，但是乙配發了 10 元股票股利，使得
乙股票投資人的股數增加了一倍，因此價格腰斬了，變
成 10 元，如果除數沒有做任何調整，新的指數水準會
變成 10（〔10+10〕/2=10），不明就裡的投資人會以為
市場狀況不好而賠錢了，但是實況是雖然乙股票的價格
變成一半，可是投資人的股數增加了一倍，財富並未減
少。

　　什麼是除數呢？本例中本來指數為 15，乙股票
配發了 10 元股票股利後，如果不做任何調整，指數
會變成 10，為了讓指數維持為 15，除數必須調整為
0.6667，即

$$15/1 = 10/0.6667$$

　　也就是一開始時除數是 1，為了指數不受配發股票

股利影響，除數必須調整為 0.6667。編制股價指數的一開始，為了讓指數好記與閱讀，指數公司有時會將計算出來的平均數字除以一個除數，得到一個容易記的最初指數值，例如最初數字是 37.1，除數可能是 3.71，使得第一個指數為 10。你可以參考下列公式。

變動前指數值 / 除數 = 變動後指數值 / 除數
37.1/3.71 = 10/1

　　最初時，變動前指數值的除數是 1，之後必須調整除數時，再套用以上公式，例如上例中乙股票配發 10 元股票股利，除數的調整為以下方法。

變動前指數值 / 除數 = 變動後指數值 / 除數
15/1 = 10/0.6667

　　請注意，每次調整除數後，（變動後指數值 / 除數）即變成（變動前指數值 / 除數）。如果上例中乙股票再分配 10 元股票股利，乙股價格變成 5 元，甲與乙的平均價格變成 7.5 元，則除數的調整變成下列公式。

10/0.6667 = 7.5/0.5

這樣調整後，即使乙股票經過兩次配發股票股利，指數的值仍可維持在 15。

如何複製價格加權指數的績效

如果指數包含的股票具市場代表性，例如數目夠多，重要性足夠，就很適合投資人以此指數的績效做為投資的目標，達到分散風險與被動投資的目的。要得到價格加權指數的報酬很容易，只要以每一支指數成分股的股價占總股價的比例做為投資權重即可。

按上例、甲、乙股票的股價加總為 30 元，甲股的價格比例為 1/3，乙股的價格比例為 2/3，如果投資人有 30,000 元可以投資，則投資 10,000 元於甲，即 1,000 股（10,000/10），20,000 元於乙，也是 1,000 股（20,000/20），即可拿到指數的報酬。

如果甲股價漲到 20 元，乙股價不變，新指數為 20，報酬率為 0.33（〔20–15〕/15），投資人的 30,000 元增值到 40,000，報酬率為 0.33（〔40,000–30,000〕/30,000），與指數的報酬率是一樣的。

指數型基金與「追蹤誤差」

　　由於股票數目與投資總金額可能過大，投資人不太可能自己同時買入大量股票，希望「複製」指數的績效，指數型基金因此應運而生，讓投資人很容易以少許資金買到指數的績效。

　　例如市場上有發行追蹤日經 225 指數（Nikkei 225）的 ETF，在台灣證券交易所上市交易，股票代號為 00661，2022 年 9 月 30 日的收盤價為台幣 32.68 元，台灣投資人可以零股交易，或者以 32,680 元買一張，拿到日經 225 指數；如果選擇台灣 50 指數（為市場價值加權指數）的 ETF，股票代號為 0050，2023 年 1 月 3 日的收盤價為台幣 110.75 元，台灣投資人可以零股交易，或者以 110,750 元買一張，就可拿到台灣 50 指數報酬。當然，投資人必須注意費用比率及其他交易成本，後面在介紹共同基金時會再進一步說明。

　　資產管理公司在複製價格加權指數績效時，為了增進績效，可能會利用各種金融工具，例如期貨，甚至投資於別人發行的指數型基金。投資人除了關心投資成本及費用外，還要注意指數型基金發行機構是否真的能完全實現指數績效。

　　實務上，由於發行機構必須在市場上操作，雖然會

想辦法盡量複製指數的績效，但無法盡善盡美，指數型基金的績效與指數的績效之間會有差距，稱為「追蹤誤差」。追蹤誤差愈大，代表發行者的表現愈不好，投資人無法拿到完整的指數績效。

市場價值加權指數

價格加權指數的缺點，就是會被高價股主導。比方，上例指數包含 3 支股票，丙股票的價格為 300 元，指數即為 110（〔10+20+300〕/3=110），但是丙股票可能是一個小公司的股票，在市場中的重要性不如其他兩支股票，由於公司的大小不見得與股價高低相關，而與市場價值有關，因此市場價值加權指數比較能合理代表股市的整體表現。

近代指數多為市場價值加權指數，像台灣證券交易所發行量加權指數（英文簡稱 TAIEX，一般簡稱為台灣加權股票指數、加權指數或大盤指數）、台灣 50 指數、美國標準普爾 500 指數等。市場價值加權指數的編制方式大致是這樣：指數編製機構（例如台灣證券交易所就是 TAIEX 的編制機構）選擇一個時點為基期，任意訂定基期的指數水準（例如 10），將納入指數的證券的市場價值加總，以基期的指數水準對應這個總市場價

值，當總市值隨時間改變時，指數隨之等比例調整。

　　例如 TAIEX 以 1966 年之股票市場市值為基期（設定為 100 點），接續以上的例子來推算，如果有一個市值加權指數由兩支股票組成，甲股票的價格為 10 元，乙股票的價格為 20 元，而甲與乙的公開發行股數各為 100 股與 200 股，甲股票的市值即為 1,000 元（10×100），乙股票的市值即為 4,000 元（20×200），總市值為 5,000 元（4,000+1,000）。如果 5,000 元即為基期的市值，指數水準定為 10，之後甲股票的價格上升至 20 元，乙股票的價格不變，市值即上升至 6,000 元，新的指數水準就變成 12：

$$新市值 \div 舊市值 \times 舊指數水準$$
$$= 6,000/5,000 \times 10 = 12$$

　　類似價格加權指數，當某些事件發生時市值加權指數必須調整除數，例如指數成分股改變及公司合併等事件，但是因為發放股票股利（國際上的股票分割）不影響公司市值，市值加權指數在這情況下不需要做調整。需要調整時的方法是調整計算指數的除數（divisor），使得指數不會因為這些事件而改變。

　　例如在上例中，指數為 10，但是乙股票下市了，

被丙股票取代，丙股票的價格為 30 元，公開發行股數為 300 股，甲與丙股票的總市值變為 10,000 元（1,000+9,000）。如果 5,000 元即為基期的市值，指數水準定為 10，當丙取代乙後，如果指數沒有做任何調整，新的指數水準會變成 20：

$$新市值 / 舊市值 \times 舊指數水準$$
$$= 10,000/5,000 \times 10 = 20$$

不明就裡的投資人會以為市場狀況大好而賺錢了，但是實況是市值小的乙股票被市值大的丙股票取代了，完全與市況無關。為了不誤導投資人，指數公司會將丙取代乙計算出來的指數值除以一個除數，使得該商數等於乙未被替代前的指數水準：

$$變動前指數值 / 除數 = 變動後指數值 / 除數$$
$$10 / 1 = 20 / 2$$

最初，變動前指數值的除數是 1，之後有必要調整除數時，套用以上公式調整除數，上例的新除數變為 2。

請注意，每次調整除數後，（變動後指數值 / 除

數）即變成（變動前指數值 / 除數）。如果上例中丙
股票又被丁股票取代，丁股票的價格為 40 元，公開發
行股數為 400 股，甲與丁股票的總市值變為 17,000 元
（1,000+16,000）。由於原來的指數水準為 10，當丁取
代丙後，如果指數沒有做任何調整，新的指數水準會變
成 17。為了不誤導投資人，指數公司會將丁取代丙計
算出來的指數值除以一個除數，使得該商數等於丙未被
替代前的指數水準：

變動前指數值 / 除數 ＝ 變動後指數值 / 除數

20 /2 ＝ 17 /1.7

這樣調整後，即使指數經過兩次變換成分股，指數
的值仍可維持在 10。

要複製市值加權指數的報酬很容易，只要以每一支
指數成分股的市值占指數總市值的比例做為投資權重即
可。按上例、甲、乙股票的股價加總為 5,000 元，甲股
的市值比例為 1/5（1,000/5,000），乙股的市值比例為
4/5（4,000/5,000），如果投資人有 1000 元可以投資，
則投資 200 元於甲，即 20 股（200/10），800 元於乙，
即 40 股（8000/20），可拿到指數的報酬。

如果甲股價漲到 20 元，乙股價不變，新指數為

12，報酬率為 0.2（〔12–10〕/10），投資人的 1,000
元增值到 1,200（20×20+20×40），報酬率為 0.2
（〔1,200–1,000〕/ 1,000），與指數的報酬率是一樣的。

認識共同基金

　　除了股票與銀行存款之外，投資人最容易接觸到的
投資標的就是共同基金。「八喜法則」強調分散風險，
以被動心態長期投資，從這個角度來看，共同基金具有
分散風險的特性，算是一種理想的理財方式，不過必須
注意的是，並非所有的共同基金的特性都相同，都適合
做為被動型的長期投資工具。

　　有些共同基金屬於主動型，以主動出擊的操作方
式，例如擇時、選股、各種交易策略（套利、風險中
立、計量交易等），爭取高投資績效；有些共同基金則
屬於被動型，讓投資人輕鬆拿到一種指數的報酬。以下
我先簡述共同基金定義與類型，再說明共同基金的投
資、績效與選擇。

共同基金的定義與類型

　　共同基金向公眾（投資人）募集資金，集中管理，代替投資人投資，而投資的收益及風險則由投資人共同分擔。共同基金大致可以分為三種：開放型、封閉型、指數型。

開放型（open-end funds）

　　開放型基金允許投資人隨時申購與贖回，投資人可以直接與基金發行機構（在台灣稱為投資信託公司）及做為基金行銷通路的各種金融機構（銀行、證券商、保險公司、投資顧問公司等）申購與贖回基金。

　　投資人以「淨值」申購與贖回基金，淨值是以基金所投資的投資標的之總價值，除以發行的受益憑證單位計算而得，投資人可以把一個發行單位想像成一股。假設一檔共同基金擁有台積電股票 1,000 股，鴻海股票 5,000 股，台積電股價為 420 元，鴻海股價 100 元，這檔基金所投資的標的之總價值為 920,00 元。如果基金已經發行了 1,000 個受益憑證單位，則淨值（NAV, Net Asset Value）為 92 元（920,00/1,000 = 92）。

　　如果後來台積電的股價上漲至 450 元，那麼基金總價值成為 950,000 元，淨值變成 95 元，投資人的報酬

率為 3.3%（〔95-92〕/92）。

　　基金公司為投資人管理投資，理當受到補償，投資人必須承擔基金的管理費、保管費、交易成本、手續費等。管理費為基金公司的收入，通常為基金淨值的一個固定比例，例如 1%，每天從投資人的淨值中扣除 1/365 的 1%；保管費是基金公司支付給銀行替投資人保管基金資產的費用，為了保護投資人，法律規定基金公司必須將投資人的資金委託給保管銀行管理，不能直接動用，僅能經由保管銀行經手投資人的資產，例如基金買股票時由保管銀行支付股款，賣股票時，價金進入保管銀行帳戶，保管費用通常為基金淨值的一個固定比例，每天從投資人的淨值中扣除費用的 1/365。所以基金淨值已經反映了這些費用。

　　還有一些費用是投資人觀察不到但必須承擔的，例如基金交易時付給券商的交易手續費及交易稅等，基金只要交易愈頻繁，這類費用就愈高，損及淨值，對投資人不利；有的基金有申購或贖回費用，經常是基金公司支付基金銷售通路的佣金來源，投資人申購基金時在申購金額中扣除或外加，贖回基金時在贖回金額中扣除。因此投資基金時應該詢問包含管理費等所有費用占基金淨值的比率，稱為費用比率（expense ratio）。

　　開放型基金的淨值通常一天計算一次，以投資標的

每天的收盤價格做為計算基礎，如果投資人在當天尚未收盤前申購與贖回，實際上會以當天的淨值買入和賣出基金。承本例，投資人如果申購 4,600 元基金，會買到 50（4,600/92）單位，如果賣出 20 單位會收回 1,840（1,840×92）元。

開放型基金因為每天僅能以收盤價計算的淨值交易，無法讓投資人即時交易賺取價差，而且有因某些投資人的贖回造成別的投資人共同承擔交易成本及賦稅的缺點，封閉型基金應運而生。

封閉型（closed-end funds）

封閉型基金有一段初次公開發行（IPO, initial public offering）募集期間，投資人可以像投資開放型基金一樣申購基金受益單位，淨值計算方法也一樣。初次公開發行期間結束後，基金經理人代表投資人操作基金，而基金像股票一樣在次級市場（通常是交易所像台灣證券交易所）掛牌讓投資人即時買賣，投資人不能以贖回基金的方式拿回投資，必須在次級市場賣出；如果要投資，不能申購基金，必須再次級市場中買入。

封閉型基金在全球愈來愈不普遍，目前台灣已無封閉型基金掛牌交易，美國僅有五百支左右。其產品設計的訴求多為收益（最普遍）、稅負規劃（美國的金融商

品交易有課資本利得稅，封閉型基金可以避免申購與贖回造成所有基金投資人共同負擔的賦稅）、基金完全應用在投資標的上（無現金負擔〔cash drag〕，即不需要為了準備投資人的贖回而預備現金，造成資金無法完全投資的機會成本）、投資人難以接觸的投資標的（風險分散、多元投資機會、槓桿、可隨時即時買賣等）。

　　封閉型基金於次級市場的成交價格通常不等於淨值，高於淨值時稱為溢價（premium），低於淨值時稱為折價（discount）。溢價與折價的發生有其原因，封閉型基金的成交價格由市場的買賣雙方決定，當買方的量多於賣方，市價會上漲，反之則下跌。而淨值由基金投資的標的決定。當投資人看好基金的操作績效時，會積極買進，甚至價格超過淨值，因為投資人無法自己直接擁有基金的投資標的；當投資人看壞基金的操作績效時，會積極賣出，甚至價格低於淨值，因為投資人覺得基金的淨值會降低。

　　常見的情形是折價，而非溢價，這與代理問題及道德風險（moral hazard）有關。基金經理人幫投資人操作資金，投資人是「委託人」，經理人是「代理人」。實務上，代理人經常為了自己的利益，罔顧委託人的利益，例如屋主聘園丁整理花園，屋主看不見的地方，園丁可能就疏於打理，基金經理人也可能有類似問題，例

如與別人勾結，用投資人的錢炒作，或者拼命交易，拿券商的交易手續費回扣，而交易手續費則由基金淨值中扣除。

　　道德風險通常發生在某些約定已存在後，一方能利用約定圖利的情形下發生。在封閉型基金的情形中，投資人已於基金募集期間把資金交給經理人操作，即使投資人對績效不滿意，也無法以贖回基金的方式施壓經理人，經理人因此可能比較不盡職操作。在真實世界中常會出現各種問題，如 2022 年新冠疫情爆發之際，許多在 2021 年買了防疫險的人，看到絕大多數染疫者為輕症，就比較敢於感染新冠病毒，以領取保險理賠。

　　投資人投資封閉型基金與開放型基金負擔類似的費用，例如管理費用等，主要差別在有的開放型基金收取申購或贖回費用，而投資封閉型基金必須支付交易手續費用及賣出時的交易稅。如果投資國外的封閉型基金也應了解費用比率。

　　當封閉型基金的次級市場交易價格不等於淨值時，有的投資人會認為兩者有趨於一致的趨勢，而有獲利機會。例如折價太大時，可以用低的價格買到實際價值（淨值）高的基金，如果有的投資人覺得可以撿到便宜貨而買進，會造成市價上升，早進場的投資人可以因而獲利；而當溢價太大時，用高的價格買到實際價值（淨

值）低的基金划不來，如果有的投資人因此賣出，會造成市價下降，早出場的投資人可以因而獲利。

　　但是實際上，當市場價格不等於淨值時，並無一個決定性因素會導致兩者一定會趨於相等，因此有時折（溢）價會持續一段時間，這對投資人是一種困擾，不易判斷市價是否合理。

選擇基金前要知道的風險指標

　　由於封閉型基金有代理問題、道德風險、折溢價問題，另一種基金，兼具開放型與封閉型基金特性的股票指數型基金（Exchange Traded Fund，以下簡稱 ETF）應運而生。全球第一個 ETF 於 1990 年在加拿大誕生，之後迅速發展，2021 年就有 8,552 支 ETFs，資產規模達十兆美元，已成為投資人最喜愛的投資工具之一。[註1] 為了幫助大家更了解 ETF 的操作原理，在深入談 ETF 之前，先談一下主動型與被動型基金的差異，再帶大家認識四個重要的報酬與風險指標。

主動型與被動型基金

「主動型」基金採取主動出擊的操作方式，以選股、擇時、套利及各種交易策略，希望替投資人獲得好的報酬。操作這種基金的成本高，因為必須投入研發選股及交易策略，判斷投資趨勢，多數的共同基金屬於主動型基金。

為了吸引投資人，每個基金都有商品設計特色，投資類別若以資產來分，可分為股票型基金、債券型基金、股債都有的平衡型基因；以投資標的公司市值（market capitalization）來分，有大型股基金及小型股基金等；以投資風格（style）來分，有價值型（value）與成長型（growth）基金等；以投資主題（theme）來分，有國際風險分散基金與國內基金等；若以產業來分，有能源基金、電動車基金等，不勝枚舉。

雖然市場上多數是主動型基金，但也有另一種所謂的「被動型」基金，顧名思義，被動型基金基本上就是讓基金的績效與某個特定指數一樣。

如同前面介紹指數時提到的，理論上，「複製」指數的績效是很容易的，既然指數型基金的設計目的，是給投資人與指數一致的報酬，這種基金不需要做擇時、選股或操作策略的研究，因此運作成本比主動型基金

低，對於只要指數報酬的投資人而言是有利的。

　　共同基金琳瑯滿目，表現南轅北轍，如何選擇適合的基金是個燒腦的問題。對一般人而言，投資基金的目的當然是希望得到理想的報酬，但是投資有風險，而且還需要考慮其他因素，如投資期限和贖回時機等，也並不是無腦投資就好。

　　很多學生問我該如何選基金，我都會請他們先考慮基金的報酬與風險。

　　如果一個基金的報酬相對於它的風險比其他基金好，就算是好基金，在實務上，經常應用到的報酬相對風險指標有以下四個：夏普比率（Sharpe ratio）、崔納比率（Treynor ratio）、詹森指數（Jensen's alpha）、資訊比率（Information ratio）等，以下讓我逐一說明。

夏普比率（Sharpe ratio）

　　夏普比率是基金「風險溢酬（risk premium）」與基金的風險「風險（risk）」之比率，風險以基金報酬率標準差表示，即基金自己的風險。若用基金報酬率減去無風險利率，就是基金的風險溢酬，即相對於投資在無風險標的所多得到的基金報酬。夏普比率的意思是，每承擔一單位的基金風險，投資人相對於無風險利率得到

的補償，其公式如下：

夏普比率 ＝

（基金報酬率 － 無風險利率）／ 基金報酬率標準差

　　在美國，無風險利率通常指的是美國政府發行的公債利率，在台灣，投資人若不方便投資於政府公債，可以把郵局一年期定期存款的利率當成無風險利率。由於台灣有存款保險，在任一家金融機構的存款額只要不超出 3 百萬元，就算銀行倒閉，存款會由政府理賠，而且郵局為公營機構，倒閉的機會很低。

　　在投資中，權益風險溢酬是一個非常重要的指標，2022 年底時美國的各年期（1, 2, 5, 10, 30 等）公債利率大致為 4％，如果投資人可以預期未來一到數十年確定能得到 4％ 的報酬率，就會完全沒有風險。雖然實際會拿到多少報酬率具有不確定性，但是美國政府會違約的機會很低，多數美國投資人認為這個是沒有什麼風險的報酬率。權益風險溢酬的意思是，投資人希望投資在高風險的股票時，與 4％ 比較，能多得到多少報酬率。

　　美國從 1802 年到 2012 年的平均風險溢酬是 5.4％，2011 年到 2022 年的平均風險溢酬是 5.5％，如果投資人在 2022 年底希望投資股票會得到歷史的平均風險溢

酬，就會希望股市報酬率起碼為 9.5％。但是 2022 年時，全球各國在通貨膨脹高漲的情形下普遍大幅升息，經濟前景不佳，可能因投資人因此要求更高的風險溢酬，只願意在股價更低時買進，而造成全球股價大跌。

在評比基金績效時，通常是以過去一段期間的平均年報酬為比較基礎，假設甲基金過去十年的平均年報酬率為 10％，無風險利率的平均是 2％，報酬率標準差為 20％，夏普比率就是：

$$0.4 =（10\% - 2\%）/ 20\%$$

這代表投資人每承擔一單位的基金風險，會受到 0.4 單位的風險溢酬補償。如果有另外一個基金乙，夏普比率是 0.3，甲是比較好的基金，因為承受每一單位風險受到的報酬補償比較多。

因為報酬與風險會改變，夏普比率會隨時間改變，所以基金的相對優劣也會改變，投資人應避免假設，現在夏普比率相對高的基金，將來也會一樣好。

崔納比率（Treynor ratio）

崔納比率與夏普比率類似，也衡量每承擔一單位的

風險，投資人相對於無風險利率得到的補償，只是崔納比率關心的是系統性風險，可以說，就是貝它值代表的風險。

崔納比率 ＝
（基金報酬率－無風險利率）/ 基金系統性風險貝它值

　　承上例，假設甲基金過去十年的貝它值為 1.6，崔納比率是 0.05，表示每承擔一單位的系統性風險，投資人相對於無風險利率得到 0.05 單位的報酬補償，如果有另外一個基金乙，風險溢酬為 8％，過去十年的貝它值為 0.8，崔納比率是 0.1，乙是比較好的基金，因為承受每一單位系統性風險受到的報酬補償比較多。因為報酬與風險會改變，崔納比率隨時間改變，所以基金的相對優劣也會改變，投資人應避免假設，現在崔納比率相對高的基金，將來也會一樣好。而且惱人的是，夏普比率與崔納比率的績效排序結果可能不同，因此投資人需要考慮哪一個指標比較適合自己的狀況。

　　如果只投資一支或很少數的基金，夏普指數可能適合你，因為你只需要關心的是這支基金的風險，可是如果擁有許多基金及多個投資標的，崔納指數比較適合，因為投資組合的風險很分散，你應該關心的是系統

性風險。

詹森指數（Jensen's α）

另一個常見的投資組合績效衡量指標，就是詹森指數。相較於夏普比率、崔納比率將報酬與風險一起考慮計算比率，幫助投資人判斷基金的表現，詹森指數的想法稍微不同，它不計算報酬與風險的相對比率，而是衡量基金的系統性風險後，計算它的績效是否高於該有的報酬。其公式如下：

詹森指數 =（基金報酬率 − 無風險利率）−
貝它 ×（市場報酬率 − 無風險利率）

如果這個基金的系統性風險與市場一樣，也就是貝它等於 1，投資這個基金的風險溢酬，應該與市場一樣，即等於市場報酬率減去無風險利率所計算出來的整體市場風險溢酬，如果基金的風險溢酬比市場的風險溢酬高，該基金的表現，相對於所承擔的系統性風險就比較好，如果基金的風險溢酬比市場的風險溢酬低，該基金的表現，相對於所承擔的系統性風險就比較差。

詹森指數的意思是，基金的風險溢酬應與所承擔的

系統性風險相當，即等於貝它值乘以市場風險溢酬。也就是，市場的風險溢酬乘以基金的系統性風險貝它值表示，在這個基金的系統性風險水準下，基金應有的風險溢酬。詹森指數是正數時，表示基金的風險溢酬超過該有的，因此績效比市場好，是負數時，表示基金的風險溢酬低於該有的，因此績效比市場差。

　　以前想投資在整個市場上是極為困難的，必須要有很多資金才可能買到所有的標的，但是自從指數型基金及 ETF 出現後，一個散戶可用極少的資金買到市場的報酬，等一下我們會仔細說明它。

　　許多基金公司都會計算詹森指數、夏普指數與崔納指數，投資基金前向基金公司詢問這些基金指標，有助大家於投資決策。

　　比方甲基金過去十年的平均年報酬率為 10％，無風險利率的平均是 2％，市場報酬率是 12％，貝它值是1.1，詹森指數就等於：

$$-4\% = （10\% - 2\%）- 1.2 \times （12\% - 2\%）$$
$$-4\% = 8\% - 12\%$$

　　–4％ 的意思是，以該基金的系統性風險 1.2，風險溢酬應該是 12％（1.2 ×〔12％ – 2％〕），但是實際風

險溢酬只有8%（10% – 2%），比該有的風險溢酬少了4%，因此基金的績效不好。可是如果該基金的貝它值是0.6%，風險溢酬應該是6%（0.6 ×〔12% – 2%〕），但是實際風險溢酬卻有8%（10% – 2%），所以比該有的風險溢酬多了2%。

投資人不需要自己計算貝它值或是詹森指數，實務上，基金公司會採用像迴歸分析等統計方法估計貝它值及詹森指數，提供給投資人。但是你必須理解，報酬率與風險不是一成不變，不同期間的報酬率、系統性風險、詹森指數不一樣，應請基金公司提供不同期間的數據供投資參考。有時，詹森指數、夏普指數與崔納指數所產生的績效排序不同，如果你想知道，一個基金相對於一個指數的表現，詹森指數可以給這個答案。由於投資人買指數型基金，就能輕鬆獲得指數的報酬率，如果一個主動型基金比指數差，也就是詹森指數是負數，這個基金就不值得投資了。

為了凸顯基金的績效，許多歐美共同基金會選擇標竿指數（benchmark index），做為基金操作績效的比較標準，例如標準普爾500指數就是美國大型股基金或者全市場型基金的標竿指數。即使基金公司自己不選擇標竿，國際上的基金評鑑公司像晨星（Morning Star）也會為基金選擇標的指數，做為評估基金績效的標準，台灣

的投信投顧公會也為投資人計算評估基金績效的指標。

資訊比例（information ratio）

　　另外一個基金績效評估的指標是資訊比例，衡量當基金的報酬率與指數報酬率不同時，承擔這種偏離指數的風險所得到的補償有多少，對指數型投資人很有用，可以了解指數基金的績效。這裡的指數經常即是上述的標竿。

　　投資於指數基金的人要得到的是指數的報酬，實務上，基金的報酬率不會與標竿指數一樣，這個差距叫做追蹤誤差，投資人當然希望，當基金的報酬與指數不一樣時，平均而言對投資人是有利的（及偏離的報酬是正數），而雖然獲得了比指數多出來的報酬，投資人承擔了偏離指數的風險，資訊比例代表每承擔一單位偏離指數報酬的風險，投資人相對於指標報酬率得到的補償。其計算方法如下：

　　　資訊比例 ＝（基金報酬率 － 指數報酬率）/
　　　（〔基金報酬率 － 指數報酬率〕的標準差）

　　假設甲基金過去十年的平均年報酬率為 14％，市

場指數報酬率是 12%，（基金報酬率－指數報酬率）的
標準差是 4%，資訊比例為 0.5。

$$0.5 = （14\% － 12\%）/4\%$$

　　所以投資人每承擔一單位偏離指標報酬率的風險，
相對於指標報酬率得到 0.5 單位的補償。如果乙基金
過去十年的平均年報酬率為 16%，市場指數報酬率是
12%，（基金報酬率－指數報酬率）的標準差是 8%，
資訊比例為 0.25，那麼甲基金就是比較好的基金。

　　請記得，按八喜法則，投資人選擇基金不能只以基
金的績效為篩選標準，必須考慮人生理財規劃的目標報
酬率、自己願意承擔的風險，及分散風險的效果等。

股票指數型基金 ETF

　　根據許多研究顯示，主動型基金的績效經常比被動
型基金差，因此指數型基金愈來愈蓬勃發展，除了開放
型指數型基金外，能在證券交易所交易的指數型基金
ETF，有比傳統的開放型指數型基金更夯的趨勢，以下
開始介紹 ETF。

　　早在 1970 年代初期，追蹤標準普爾 500 指數的指數型基金（index fund）就出現了，但是只有法人可以投資；一直到 1976 年，先鋒公司推出指數型基金後，散戶才能投資指數型基金。^(註 2)初期的指數型基金是開放型共同基金，投資人以申購及贖回的方式投資，設計目的是給投資人被動式、低管理、低成本、專業知識要求度低的指數報酬，投資人只要願意得到指數報酬，可以避免在眾多共同基金中篩選基金的煩惱，從長期投資的角度觀之，指數基金是很適合散戶的投資標的。

　　開放型指數基金雖然對投資人有好處，但是還是有開放型基金的缺點，諸如：不論投資人何時申購或贖回，僅能以當天收盤價計算的淨值交易；如果有人贖回，基金必須賣股票，但是資本利得稅由所有受益人共同承擔；為了應付投資人贖回，基金必須保留一部分現金，因而無法善用所有資金；因申購而有新的資金流入基金時，為了追蹤指數，基金必須迅速投入市場，可能造成因流動性問題，^(註 3)而以不利的價格成交及支付交易費用等問題。

　　台灣只有一檔追蹤台灣指數的開放式指數型基金（元大台灣加權股價指數基金，不配息），但有上架追蹤海外指數的開放式指數型共同基金（例如：元大大中華價值指數基金、元大巴西指數基金、復華已開發國家

300 股票指數基金等），投資時也需要注意外匯風險。

　　依據前面的說明，雖然封閉型基金減少了開放型基金不能即時交易的問題，可是封閉型基金的設計產生了新的問題，例如代理問題、道德危險，基金次級市場交易價格的折、溢價等問題。以下會說明，股票式指數基金（ETF）有封閉型基金的優點，可以即時交易，卻避免了代理問題、道德危險，基金次級市場交易價格的折、溢價等缺點，過去十年快速成為基金市場的新寵。

　　ETF 像封閉型基金，有一段基金募集期間，但是募集的形式和參與的投資人與封閉型基金不同。[註4] 募集形式是實物創造（redemption in kind），由參與證券商與法人將標的指數的成分股按指數的組成比例及基金公司訂定的創造單位（creation units），交給基金公司換取 ETF。創造單位的意思是每次實物創造必須創造這個單位的 ETF 股數，例如第一個在美國發行的 ETF 叫做 SPDR，追蹤標準普爾 500 指數，創造單位是 50,000 股，總創造金額為創造單位乘以美股 ETF 的價格，因此需要龐大的資金，並非像一般共同基金，由一般投資人出少量資金，將現金給基金公司，集合大家的資金操作。[註5]「創造」ETF 的好處是，基因公司手上握有的標的股與指數基本上一樣，可以達到複製指數的效果，反之，如果基金公司募集的是現金，即必須到市場去買

指數的成分股，不僅交易成本高，而且不容易在短期間內買足指數成分股，造成無法完整複製指數，產生追蹤誤差。

在台灣，於 ETF 的基金募集期間，ETF 的起始募集價格通常是 1 股 10 元，當 A 法人把等值 1,000 元的股票交給基金公司，可以換取 100（1,000/10）股 ETF，即「創造」了 100 股 ETF。而這時的基金淨值也剛好是 10 元，因為基金的總市值是 1,000 元，在外流通的 ETF 股數是 100 股，淨值是 1,000 除以 100 的商數。

基金募集期間結束後，類似封閉型基金，這支 ETF 會在交易所掛牌交易，一般投資人可以於交易所買賣 ETF。所以一般人雖然無法實物申購 ETF，但是可以像買賣股票一樣交易 ETF，就會發生 ETF 有次級市場的交易價格，也同時有淨值的情形，而且交易價格與淨值可能不一樣。

例如有一個基金公司設計了一支 ETF，要複製一個市值加權指數 A 的報酬，A 指數僅包含兩支股票，甲與乙，甲股票的價格為 5 元，乙股票的價格為 30 元，而甲與乙的公開發行股數各為 400 股與 100 股，因此甲股票的市值為 2,000 元（5×400），乙股票的市值為 3,000 元（30×100），總市值為 5,000 元（2,000+3,000）。

法人如果想創造 ETF，只要以每一支指數成分股的

市值占指數總市值的比例做為投資權重即可，本例甲、
乙股票的市值加總為 5,000 元，甲股的市值比例為 2/5
（2,000/5,000），乙股的市值比例為 3/5（3,000/5,000），
如下表：

股票	原始價格	股數	原始市值	權重
甲	5	400	2,000	0.4
乙	30	100	3,000	0.6

　　假設創造單位是 10 股，有一個法人有 1,000 元，
投資 400 元於甲，即 80 股（400/5），600 元於乙，即
20 股（600/30），即可複製指數，並將 80 股的甲股票
及 20 股的乙股票交給基金公司，由於 ETF 在募集期間
的價格為 10 元 1 股，可以換取 100 股 ETF，如下表：

股票	原始價格	股數	原始市值	權重
甲	5	80	400	0.4
乙	30	20	600	0.6
ETF	10	100	1,000	－

　　當甲股票價格改變，指數的總市值及成分股的權重也會跟著改變。承上例，如果甲股價漲到 8 元，乙股價不變，該法人的 ETF 總資產市值變為 1,240 元（〔8×80〕+〔30×20〕= 1,240），淨值變為 12.4 元（1,240/100），ETF 的總市值及成分股的權重改變如下表：

股票	新價格	股數	新市值	權重
甲	8	80	640	0.516
乙	30	20	600	0.484

　　與封閉型基金很不同的是，法人在 ETF 已經上市掛牌後，仍然可以實物申購 ETF，不僅如此，還可以「實物贖回」ETF。如果該法人要贖回 20 股 ETF，可以先算出市值：

$$20 \text{ 股 ETF 的淨值} = 20 \times 12.4 = 248 \text{ 元}$$

　　248 元當中有 128 元（248×0.516）分配於甲股，120 元分配於乙股（248×0.484），因此法人可以拿回 16 股甲股（128/8），4 股乙股（120/30）。另一個直接計算贖回股數的方式，就是用比例來算，因為 20 股

ETF 是已創造的 100 股 ETF 的 1/5，所以該法人能拿回基金持有的成分股數的 1/5，即甲股為 16 股（80/5），乙股為 4 股（20/5）。

　　因為法人可以隨時實物創造及實物贖回 ETF，使得法人可以利用 ETF 次級市場交易價格不等於淨值的時候獲利，造成 ETF 次級市場交易價格不會像封閉型基金一樣，過度偏離淨值，這個獲利的過程稱為「套利（arbitrage）」。

ETF 如何套利

　　套利可能有不同的定義，這裡的套利意思是，當兩個相同的物品價格不一樣時，同時以低價格買入一樣，以高價格賣出另一樣，以賺取差價。例如一部電腦在台北的賣價是 20,000 元，在高雄是 15,000 元，在台北的零售商可以在高雄買電腦，在台北賣出，賺得 5,000 的差價。當許多零售商看到這個機會去「套利」時，高雄電腦的價格會因為需求上升而提高，台北電腦的價格會因為供給增加而下降，當兩地的電腦價格一樣時，就沒有零售商套利了。所以套利是驅使相同東西的市場價格一致的重要經濟行為。

　　但是套利者必須承擔風險及成本，零售商在高雄買電腦時，可能無法確定價格會維持在 15,000 元，在台北賣出時也不見得能賣到 20,000 元，這是一種價格風險。另外還有時間差的風險，零售商可能不確定買到高雄的電腦後，需要等多久才能在台北賣出，等的時間愈久，愈不確定能夠賣出的時點與價格，存貨及資金積壓的成本即會開始增加。

　　因此，風險與成本最小的套利是買與賣的兩個交易同時發生。實務上，這種完美的套利無法存在，例如必須支付運費把電腦從高雄運往台北，但是，只要套利愈完美，兩個同樣商品的價格就會愈接近。

　　讓我用 ETF 的套利闡釋這個原理。當 ETF 的次級市場交易價格（price）大於基金淨值（NAV）時，投資人可以放空 ETF，同時買入指數成分股，以賺取價差，而以指數成分股「創造」ETF，回捕 ETF 的空頭部位。以下的例子說明法人如何以 ETF 套利。

　　假設 ETF 上市時的淨值是 10 元，在交易所的交易價格是 11 元。法人可以經由券商借入 ETF 賣出，這個動作叫做「融券」或「借券賣出」，借出 ETF 的券商可能是曾經創造過 ETF 的參與券商，或者其他擁有 ETF 的法人，借入者將來必須要還券給借出者。借入者必須要支付借券費用，賣出 ETF 的交易手續費以及賣出交

易稅，ETF 的交易稅為價金的 0.1％，比個股的交易稅 0.3％低。為了簡化這裡的說明，假設這些交易費用皆為 0，而且法人僅借入一張 ETF（1,000）股。

為了規避價格風險，套利者應該在賣出 ETF 時，同時買入 ETF 成分股，然後以成分股創造 ETF 去償還借入的 ETF。如果完全沒有價格風險，套利者可以現在的價格交易 ETF 及指數成分股。賣出 ETF 可得到 11,000 元（11×1,000）。

因為套利者將來必須要還一張 ETF 給出借者，它可以依 ETF 淨值，花 10,000 元（10×1,000），按照甲股的市值權重（0.4），買入 4,000 元（10,000×0.4），即 80 股（4,000/5）的甲股；按照乙股的市值權重（0.6），買入 6,000 元（10,000×0.4），即 20 股（6,000/30）的乙股，再將 80 股甲股及 20 股乙股交給基金公司，按照 ETF 淨值 10 元，創造一張 ETF（10,000/10），然後將一張 ETF 還給出借人。

這個套利循環：借券一張 ETF 賣出 11,000 元、同時買入 10,000 元成分股創造一張 ETF、歸還 ETF，讓法人賺了 1,000 元（11,000–10,000）利潤。只要這個套利機會持續存在，就會有許多法人作類似的套利行為。在次級市場賣出 ETF 會導致供給增加，造成 ETF 的市價下降；在次級市場買入 ETF 成分股，會導致需求增

加，使得成分股的價格及 ETF 的淨值上升。因此，套利會使得 ETF 的市價與淨值趨於一致。

有時候，ETF 的次級市場交易價格（price）會小於基金淨值，這時投資人可以放空 ETF 標的指數成分股，同時買入 ETF，以賺取價差，而以 ETF「贖回」成分股，回捕成分股的空頭部位。以下再以上述的例子，說明法人在這種情形下如何套利。

假設 ETF 上市時的淨值是 10 元，在交易所的交易價格是 9 元，標的指數成分股的權重如上例 ETF 募集期間的時候。法人可以賣出經由券商借入的 ETF 成分股，出借 ETF 成分股的可能是任何擁有成分股的投資人，借入者將來必須要還成分股給出借者。借入者必須要支付借券費用，賣出的交易手續費以及賣出交易稅，個股的交易稅為價金的 0.3％。為了簡化說明，假設這些交易費用皆為 0，而且法人僅借入等於一張 ETF（1,000）的成分股。

為了規避價格風險，套利者應該在賣出成分股時，同時在次級市場買入 ETF，然後以 ETF 贖回成分股，以償還借入的成分股。如果完全沒有價格風險，套利者可以現在的價格交易 ETF 及指數成分股，賣出成分股可得到 10,000 元 ，買入 ETF 花費 9,000 元（9×1,000）。

套利者先依 ETF 淨值 10,000 元（10×1,000），借

入成分股賣出，它可以按照甲股的市值權重（0.4），借入等同市值 4,000 元（10,000×0.4）的 80 股（4,000/5）甲股，按照乙股的市值權重（0.6），借入等同市值 6,000 元（10,000×0.4）的 20 股（6,000/30）乙股，再將 80 股甲股及 20 股乙股在次級市場出售，獲得 10,000 元。

套利者在融券賣出成分股時，同時以 9,000 元（9×1,000）買入一張 ETF，然後將買入的 ETF 依淨值 10,000 元（10×1,000），按照甲股的市值權重（0.4），贖回值市值 4,000 元（10,000×0.4）的 80 股（4,000/5）甲股；按照乙股的市值權重（0.6），贖回值市值 6,000 元（10,000×0.6）的 20 股（6,000/30）乙股，再將 80 股甲股及 20 股乙股歸還給出借者。

這個套利循環：借入並賣出可組成一張 ETF 的成分股 10,000 元、同時買入一張 ETF9,000 元、以 ETF 贖回成分股歸還給出借者，套利者因此可賺 1,000 元（10,000–9,000）利潤。只要這個套利機會持續存在，就會有許多法人作類似的套利行為。在次級市場賣出成分股會導致供給增加，造成成分股的市價下降；在次級市場買入 ETF，會導致需求增加，使得 ETF 的價格及淨值上升。因此，套利會使得 ETF 的市價與淨值趨於一致。

　　如以上的說明，當 ETF 的市價與淨值偏離時，由於套利者可以利用 ETF 的創造及贖回套利賺取價差，ETF 的市價與淨值不至於偏離太多，但是因為有價格風險及交易成本，當 ETF 的市價與淨值偏離不夠多時，法人將沒有套利的誘因，因此 ETF 的市價與淨值還是會有一些偏離，但是不會像封閉型基金的情形，會有長時間的高折價或溢價。

指數型基金與 ETF 的績效評估

　　投資人購買指數型基金或 ETF，目的是得到指數的報酬，因此這種指數或被動型投資績效的衡量標準主要是「追蹤誤差」，追蹤誤差可以由以下的方式計算：

報酬率差 = 指數基金報酬率 − 指數報酬率
追蹤誤差 = 報酬率差的標準差

　　如果一個基金的追蹤誤差很小，表示基金報酬率與指數報酬率間的差距經常很小，反之，追蹤誤差很大。被動型投資人希望追蹤誤差小，以追蹤誤差判斷指數基金的績效。追蹤誤差也可以做為判斷主動型基金績效的

參考，因為主動型基金之操作目的是打敗指數，追蹤誤差必然比較大，主動型投資人可用前面說明過的資訊比率判斷，不選擇指數型基金而承受高的追蹤誤差是否有得到好的補償。

影響追蹤誤差的因素

由於以下因素，指數型基金不可能沒有追蹤誤差。如同投資於主動型基金，投資人購買指數型基金也必須承擔各式費用，其加總與淨值的比率稱為「費用比率」（包含的費用如交易成分股產生的經紀手續費、買賣價差、保管費、管理費等），這些費用每天直接從基金的淨值中扣除，因此造成基金的報酬率低於指數的報酬率。

開放型指數基金為了應付投資人可能的贖回，必須保有一些「現金部位（cash drag）」，否則當投資人贖回時，基金必須賣出手中持股換取投資人所要的現金，產生交易成本與風險，這種狀況會造成需要保留一部分現金，拉低基金績效。既然有一些現金未投資於指數成分股，基金的績效就不可能與指數一樣，而產生了追蹤誤差。ETF 雖然是以實物創造與贖回，有時也會保留一點現金做為彌補畸零股數（例如 0.088 股）的問題，所以

還是會由於這個因素而有些微追蹤誤差。

　　有的成分股，公司會定期分配現金股息，分配股息後指數的數字會下降，但是基金因為有收到股息，淨值不會隨指數下降，這會造成基金的績效與指數不一致，因此，指數基金也會定期配息，減少成分股公司配息造成的追蹤誤差。

　　如果指數的成分股在次級市場的交易量低（學術說法是流動性低），價格的波動會高，造成開放型指數基金交易成分股時，無法有效掌握價格，而產生追蹤誤差，由於小型股比大型股流動性低，因此小型股指數基金的追蹤誤差通常比大型股指數基金高，由於 ETF 比較不需要在次級市場交易成分股，流動性因素對 ETF 的追蹤誤差的影響較低。

　　當有公司活動（corporate action），例如併購（merger and acquisition）、公司分拆（spin-off）、私有化（privatization）等發生時，指數成分股因而改變，造成指數基金必須改變投資標的。例如甲公司與另外一家公司合併成丙公司，甲公司被指數移除，丙公司被納入指數，丙公司的市值會影響到所有指數成分股的權重，基金公司被迫必須按新的成分股權重調整投資組合，才能精準複製指數績效，調整的過程會有成本、價格、時間差等問題，造成基金績效與指數偏離。

　　每個指數的設計都有特殊目的，例如台灣的台灣50指數的成分股是台灣上市股票中市值最大的前50，這是台灣最有名的大型股指數，與發行量加權指數的相關係數為98％左右，如果有一個公司的市值下滑到50名之外，就會被指數公司剔除，換成另外一個排名在前50之內的公司，這時追蹤台灣50指數的指數基金就必須賣掉被剔除的股票，增加新納入的股票，而且就像上述的公司活動狀況，有可能原來所有的指數成分股的權重都受到了影響，也必須調整其他成分股的股數，造成指數基金調整投資組合時，基金績效與指數偏離。

　　總言之，指數基金的操作效率由基金複製指數報酬的績效決定，上述各種因數增加基金公司複製指數的困難度，還有其他因素會影響基金報酬，例如交易產生的資本利得稅等，但是指數基金可藉出借證券、有效管理成分股配息等，為投資人增進報酬。

　　基本上，ETF兼具指數共同基金及封閉型基金的優點，同時避免了兩者的缺點，而且ETF的費用比率經常比類似的開放型指數基金低，但是ETF的最大缺點可能就是它的可即時交易優點。許多指數共同基金沒有申購與贖回費用，但是交易ETF有交易費用、交易稅（債券型ETF暫時免徵交易稅）、在某些國家有資本利得稅（證所稅），投資人如果頻繁交易，不知不覺中承

擔了很高的交易成本，更何況短線交易並非一般人的專長。

　　在台灣，ETF 可以做信用交易、當日沖銷，讓投資人很方便做短線交易。國內成分股 ETF 漲跌幅為 10%（槓桿型 ETF 的漲跌幅是 10% 乘以槓桿倍數），國外成分股 ETF 無漲跌幅限制，應特別注意流動性與價格的波動性。

　　除非頻繁交易，ETF 是低成本的分散風險工具，費用比率比主動型基金低很多，諸多研究顯示，考慮成本及風險後，指數基金的績效比眾多積極操作的基金佳，而且共同基金的過去績效與未來績效的關係頗薄弱，一般人投資 ETF 可以守株待兔，減少理財時間，但是要注意，有些 ETF 並不適合做為用以達成人生理財目標的核心投資標的。

投資 ETF 應注意事項

　　並非所有類別的 ETF 都適合做為核心投資，一般而言，在以股票為投資標的之 ETF 中，與全市場報酬率（例如大盤指數）連動性高的原型 ETF（註6），較適合做為達成人生理財計畫的核心資產。在「全人均衡系

統」中決定人生理財規劃的目標報酬率後，可考慮在原型股票 ETF 及債券 ETF 與定存間做資產配置決策。

如果投資時間愈長，債券 ETF 會比定存的報酬率高，但是風險也較高。台灣只有一檔追蹤台灣股市的開放型指數型共同基金，不過投資人可以方便地投資原型股票 ETF。長期投資者可以考慮加入一些小型股、價值股指數基金，增加分散風險的效果。

債券型 ETF

截至 2022 年 11 月台灣債券型 ETF 檔數達 93 檔，由於台灣的債券市場不活絡，沒有以台灣債券為標的之 ETF，很多是追蹤美債的 ETF。債券型 ETF 通常會配息，證交稅為 0，免第二代健保和適用最低稅負制，雖然以台幣計價，但是有匯率風險。

債券 ETF 的投資標的有許多種，通常是以債券發行人的違約風險（即不還債的風險）分類，有的國家有信用評等公司，例如台灣有中華信用評等公司，國際上也有一些評等公司例如標普全球評級（S&P Global Ratings）等，它們發布信用評等，幫助投資人了解發行者的違約風險。投資債券最重要的就是了解違約風險，債券的報酬率與違約風險息息相關，違約風險高的

債券報酬率高，可是也有較高的違約機會，投資前應該先了解發行人的信用評等，基金公司有義務提供相關資訊。你也需要了解，信用評等公司向發行者收費，接受委託為債券評等，有潛在的利益衝突，最好避免完全以信用評等當作違約風險大小的依據。2008 年發生全球金融風暴時，許多信評非常好的金融商品違約，導致許多投資人損失不貲。

政府發行的債券稱為主權債券，通常享有每一發行國家最高的信用評等，但是每個國家的信用評等不同，經濟高度發展國家的違約風險低，許多新興國家的風險高。信用評等有信用評等分級，屬於投資等級以下的債券又被稱為垃圾債券或高收益債券，有的國家的主權債屬於這種等級，你必須避免誤以為主權債券沒有違約風險。

企業發行的債券稱為公司債，公司債的信用評等南轅北轍，大不相同，有的公司的評等與母國的主權評等一樣，有的未達投資等級。投資人須注意，經濟景氣時債券的信評較好，景氣差時，評等可能被調降地非常快。投資人也可以從公司債與主權債券的殖利率的差判斷違約風險，這個差稱為「違約利差（default spread）」，違約利差愈高，公司債的違約風險愈高。殖利率是假設投資人買債券後，持有至到期日，而且每當

收到債券票息後，可以相同的利率再投資於同樣債券直到債券到期時，將拿到的年報酬率。當違約風險升高時，投資人會希望得到較高的報酬率，而只願意以較低的價格買債券，殖利率會因而上升；當違約風險下降時，投資人會願意得到較低的報酬率，而以較高的價格買債券，殖利率會因而下降，因此債券價格與殖利率的改變呈相反方向，殖利率升高，債券價格下降，殖利率下降，債券價格上升。

債券型ETF也追蹤預定的債券指數，例如美國7–10年期公債指數、新興國家高收益公司債指數等，比較適合做為核心投資的是信用評等在投資等級上的主權債ETF或者公司債ETF。投資期限愈短，愈適合投資於到期日較短及違約風險較低的債券ETF，每個人的風險承擔能力及偏好不同，如果你有認真執行「八喜」投資原則，可能比較有能力投資於違約風險較高的債券ETF。

聰明貝它 ETF（Smart β ETF）

有一些ETF是原型ETF的變形，例如聰明貝它ETF，績效不見得比原型ETF好。聰明貝它ETF是一種結合被動型與主動型操作方法的ETF，以傳統追求市

場報酬的原型 ETF 為基礎，將原指數的成分股以研究好的法則調整成分股或權重，希望績效能比原型 ETF 好，追求比指數高的超額報酬。調整法則可能是基於某些因子，例如高股息 ETF、價值股 ETF、成長股 ETF 等；也可能基於某些產業或趨勢，例如能源 ETF、電動車 ETF、ESG ETF 等；也可能是成分股權重的調整，例如將市值加權的指數改成平權指數，即每一成分股的權重一樣，消除大型股對指數的影響。不與全市場報酬率連動性高的原型 ETF，可以稱為「利基型」ETF，報酬率會不同於市場報酬率，而且費用率較高。

簡言之，聰明貝它 ETF 就是希望找到在牛市時貝它大於一的成分股，在熊市時，貝它低於一的成分股，這種被動加主動的投資，基金公司需要按選股法則調整投資組合，而且必須基於研究與較複雜的操作，費用率通常較純被動的 ETF 高，研究顯示，實際報酬率也經常低於純被動的 ETF。但是如果篩選法則是以成分股的系統性風險為基礎，例如價值股或小型股 ETF，投資人的長期投資報酬有可能因為承擔比市場較高的風險而有較高的報酬。

槓桿 / 反向型 ETF

另外有一種 ETF，利用操作衍生性商品（通常為期貨）及融資擴張指數報酬率，例如指數報酬率的兩倍，甚至反向操作，例如得到指數報酬率的負兩倍，這種 ETF 稱為槓桿 / 反向型 ETF。基金經理人必須每天操作以維持槓桿倍數並減少追蹤誤差，因為期貨價格的不確性（例如將一個快到期的契約轉到另一個到期日較遠的契約的「轉倉」交易造成的價差）以及交易的頻繁，追蹤誤差及費用比率會高於原型 ETF。投資人通常將槓桿 / 反向型 ETF 當成短期投機交易工具，例如數日，交易成本低於信用交易，因為無須支付信用交易成本，這種 ETF 並不適合當成為了達成人生理財規劃目標的核心資產。

商品原物料 ETF（commodities ETF）

也有以追蹤商品原物料指數報酬為目的之 ETF，稱為商品原物料 ETF，大致可分實體型態（physical）、交換契約型態（swap）、票券（notes）和期貨（futures）型態。實體型態是實際持有標的資產，但是實際投資於原物料的成本高，例如倉儲成本等，因此基金公司通

常不實際投資在標的資產上，而是以交換契約、票券、期貨等做為追蹤指數的工具。投資資產類別粗略可分八大類：股票、債券、外匯、利率、農產、民生金屬、能源、貴金屬等，後面四種屬於商品原物料。商品原物料 ETF 的費用比率及追蹤誤差通常比原型 ETF 高不少。

ETF 傘形（組合型）基金

有些基金公司設計傘形（組合型）基金，投資標的為 ETFs（fund of ETFs），這些是開放型的主動式共同基金，目的是交易不同的 ETFs，希望投資人得到較好的報酬，費用率高於投資人自己投資於 ETF。台灣的基金公司有以傘形基金的方式申請主管機關同意同時募集多檔 ETF，主要是為了節省申請時間，快速增加 ETF 產品線，但是募集期間結束後，每一支 ETF 單獨上市、上櫃，供投資人交易。美國有與 ETF 組合型基金類似，投資標的是 ETF 的 ETF，稱為 ETF of ETFs，費用比率比 ETF 組合型基金低，因為花在研究費用的成本較低，而且透明度較高，因為 ETF 揭露投資標的之頻率比開放型基金高。

指數投資證券
（exchange traded notes, ETN）

　　另外有一種金融商品是指數投資證券，英文名稱是ETN，與一般 ETF 最大的不同是有到期日，因為無法長期投資，不太適合做為核心資產。ETN 通常由投資銀行擔任發起人之角色，發行無擔保優先順位債票券（senior unsecured debt securities），做為指數投資證券之主要投資標的，ETN 發行機構基於該票券，保證給付投資人相同於追蹤標的之損益，但完全未持有相關標的，而是以票券發行人之信用為擔保，提供追蹤指數或標的之報酬給予 ETN 投資者。ETN 追蹤指數或標的之績效，結構上是債券，在交易所交易，有到期日（可能數年或數十年），無利息累積所以不配息，流動性通常比 ETF 低。投資人如果持有到期，發行人依指數 / 標的之漲跌扣除管理費後將錢還給投資人。由於 ETN 有票券發起人及 ETN 發行機構之信用風險、有到期日、所追蹤標的之透明度低、不配息、發行人不實際複製指數等考慮因素，不適合做為長期投資的工具。

其他投資 ETF 注意事項

　　ETF 相對於開放型指數基金的優點是費用比率比較低，可以即時交易，缺點是有交易成本。雖然許多原型 ETF 並無申購或贖回費用，但是只要投資人頻繁買賣 ETF，承擔高的交易成本後，就等於抵銷了 ETF 相對於開放型指數基金的成本相對優勢。如果長期持有 ETF，有些原型的 ETF 很適合做為核心資產，但是如果積極進出 ETF，就將它變成不適合做為人生理財規劃核心資產的衛星資產了。(註7)

　　投資 ETF 還有一個需要注意的地方，因為投資人需要經由券商交易 ETF，有些 ETF 並沒有券商幫助客戶執行定期定額的投資，而且 ETF 通常會配息，券商一般不會為客戶做自動化的配息再投資，投資人需要自己有紀律地執行定期定額投資與配息再投資，這可能是 ETF 相對於開放型指數型基金的最大缺點，有金融機構的協助，投資人較容易長期執行定期定額投資與配息再投資。

選擇共同基金應該考慮的因素

ETF 迅速發展，日益時髦，各種 ETF 如雨後春筍般出現，令人目不暇接。美國有些金融機構利用交易平台的零手續費交易機制，以及投資人可以擁有分數股（低於一股），以 ETF 的概念讓投資人自己複製指數績效，或者調整已有的指數成分股，創造自己的指數，這種產品叫做直接指數投資（direct indexing），當然已經不是 ETF 了，而是一種選股的投資方式。

當 ETF 的選擇性愈來愈多時，選擇好的 ETF 就像選擇好基金或好股票，是很困難的，選擇市場型 ETF 可省時、省力、省犯錯，可能是比較適合做為核心資產的投資方式。接下來我們討論共同基金的選擇。

基金的投資目標適合你嗎？

投資共同基金的第一個考慮因素是基金設立的（投資）目標，雖然會揭露在基金的公開說明書內，但是文件冗長，很少投資人認真閱讀，因此基金公司會彙整基金相關資訊給投資人。如果全部仰賴這種精簡行銷資訊，有可能對該基金認識不周，你應該注意這個潛在問題。基金的名字通常會凸顯設立目標，例如「高股息基

金」的投資目標的意涵是投資於配股息高的基金。

　　投資目標包含標的資產的類型、例如股票、債券等；投資地區例如國內、美洲、全球等；投資風格例如成長型、價值型、大型股、小型股等，投資風格是由晨星公司設計，後來被廣泛使用的，對國際及國內基金都有類似的分類。晨星對債券型基金也有分類，例如按利率敏感程度及信用品質區分。

　　基金的投資目標不同即代表了不同的可能報酬率與風險，例如價值型基金與成長型基金是以「帳面價值」與「市場價值」比（即「帳面市值比」，market to book ratio）分類的，帳面市值比高的公司稱為價值型基金，低的稱為成長型基金。帳面價值就是公司的淨值（資產負債表中資產減去負債的金額），市場價值是公司的股價乘以在外流通股數的乘積，如果將帳面價值除以在外流通股數即得到每股帳面價值，實務上通常以每股帳面價值除以股價計算帳面市值比。

　　例如每股帳面價值是 50 元，股價是 200 元，帳面市值比是 0.25（50/200），這個公司極可能被視為成長股，因為公司具有成長性，所以股價比淨值高許多。如果另外一個公司，每股帳面價值是 5 元，股價是 2 元，帳面市值比是 2.5（5/2），這個公司極可能被視為價值股，因為股價很便宜，比淨值低許多。

在市場多頭時，通常成長股的表現比較好，但是長期間價值股表現比較好，可能是因為價值股的系統性風險比較高（貝它值較高），而小型股也有類似的特性，長期間表現比大型股好。有些價值股與成長股基金為指數型基金，但有更多為主動型基金，扣除交易成本（例如申購與贖回費用等）後，表現比被動型的指數型基金差，因此，如何選擇表現會比指數型基金好的主動型基金是門大學問，不是一般人容易做到的。

基金公司的聲譽、經營團隊、基金規模

共同基金由基金公司發行與管理，投資人應注意基金公司的聲譽，投資前應嘗試了解網路及媒體有關基金公司及該基金的行銷通路的評價與消息。投資人也應該注意基金公司所發行的基金的規模成長狀況，如果規模逐年穩定增加，該公司的經營管理，例如風險管理與內部控制，比較不會出問題。此外，留意基金經理人是否有違法犯紀的問題可以幫助了解基金公司的經營文化與道德紀律。

基金經理人也存在道德風險（moral hazard），過去發生的案例有經理人用投資人的資金幫別人把股價炒高，讓同夥以高價賣出；經理人以人頭戶在自己管理的

基金尚未買股票前自己先買，等股價升高後賣出；經理人與券商業務員勾結，交易頻繁，從中收取退佣，圖利自己。隨著市場日漸成熟，監理日趨嚴格，這類事件發生的頻率已大幅減低。基本上，追蹤大家熟悉的指數的指數型基金不容易發生這類經理人的道德風險，因為基金只能為了追蹤指數而交易。

投資基金的費用率及其他成本

基金管理的相關費用都由投資人承擔，羊毛出在羊身上，投資人應了解，投資費用長期後對投資人的報酬有很大的影響。如果報酬率本來為每年 10%，扣除費用後為 9%，在每年複利的情況下，10% 的報酬率十年後將使投資成長 2.59 倍，而 9% 的報酬率十年後將使投資成長 2.37 倍，但是 20 年後為 6.73 倍相對於 5.6 倍，30 年後為 17.45 倍相對於 13.27 倍，40 年後為 45.26 倍相對於 31.41 倍。所以千萬不要小看費用率對長期報酬的影響。

投資人購買共同基金必須承擔各式費用，這些費用的加總與淨值的比率稱為費用比率，包含的費用如保管銀行代表投資人保管基金資產的保管費、基金公司的收

入（管理費）、基金代表投資人在市場中交易的經紀手續費等費用、行政費用、基金的通路配銷費用等，這些費用每天直接從基金的淨值中扣除，投資人不太會感覺到，而這些費用是造成許多主動型基金表現比指數型基金差的原因，例如主動型基金經理人如果操作交易頻繁，投資人的費用率就會高。

開放型指數型基金的費用率與所追蹤的指數是否容易複製直接相關，只要指數的成分股的流動性低就會增加複製指數的困難度，此外，如果指數設計機構對於成分股的規範造成成分股會經常被替換，也會增加指數複製的困難度。

投資人應留意，開放型基金還可能有申購與贖回費用，並不包含在費用比率中；投資 ETF 有經紀手續費、買賣價差、交易稅、資本利得稅（台灣沒有）等費用，不含在費用比率中。

由於愈來愈多投資人關心各種投資基金的費用對報酬率侵蝕的程度，愈來愈多基金以降低投資人的費用為行銷訴求，開放型指數型基金即是一個很好的例子，而 ETF 的費用比率通常又比開放型指數型基金低，但是開放型指數型基金經常限制投資人進出的頻率，例如贖回後，在一段時間內不能再申購，而投資人卻可隨時即時交易 ETF，經常在不自覺的情況下，投資成本比申購

基金高。

　　台灣因為沒有資本利得稅，所以贖回共同基金不需要繳證券交易所得稅，但是有利息所得稅，所以開放型基金通常不配息，將股息滾入基金淨值中管理，幫助投資人節稅。美國有配息給投資人的利息所得稅及贖回基金的資本利得稅，因此美國共同基金多配息，但會允許投資人選擇再投資配息於基金中，不過開放型基金在資本利得稅方面有缺點，為應付投資人贖回，基金必須賣股，所負擔的證券交易所得稅由所有投資人負擔。

基金的操作績效

　　投資人當然希望挑操作績效好的基金，不過前面已經強調過，報酬率與風險必須同時考量，應比較基金的風險調整後報酬率、考慮風險調整後報酬率有無打敗標竿指數及風險調整後報酬有無打敗大盤。如果基金的績效不如標竿指數，即不值得投資；如果基金的績效不如大盤指數，還不如直接投資於追蹤大盤的指數型基金。

周教授說

　　共同基金可以幫助投資人以低成本的方式分散風險，規避每個公司自己的特有風險，但是投資人仍舊會承擔系統性風險。如果投資於主動型基金，除了系統性風險之外，還需要考量投資基金的費用與績效。上完本堂課之後，你對基金已有一定程度的了解，也可能已發覺，選擇一個好的主動型基金並不容易，除了不同績效評估指標可能產生不同的績效排序之外，還要考慮基金的投資目標、基金公司的聲譽，經理人的道德風險等。但是如果選擇全市場型的原型指數型基金，你不需要花時間力氣選擇基金，所承擔的系統性風險會與市場一樣，也就是報酬率的波動與市場一樣，這種情況下，如果奉行「八喜法則」，你能夠靠「等」的能力達到人生理財規劃目標的機會是非常高的。

　　大家熟悉的指數很有可能同時有指數型基金及 ETF 給投資人選擇，指數型基金的好處是可以幫投資人方便處理定期定額及配息再投資的瑣碎事情，幫投資人建立投資紀律，但是費用比率較高；ETF 的費用率較低，投資人可以隨時買賣，但是多數 ETF 沒有金融機構幫著做定期定額或配息再投資，容易使投資人偏離「八喜法則」需要的紀律。

註釋

註 1　https://www.statista.com/statistics/278249/global-number-of-etfs/

註 2　https://www.getrichslowly.org/history-of-index-funds/

註 3　如果某支股票的交易量小，我們說它的流動性小。

註 4　截至 2022 年 11 月 1 日，台灣已有 237 檔 ETF（https://etf.masterlink.com.tw/Ranking.html），基金規模超過 2.22 兆元（https://ctee.com.tw/news/fund/659060.html）；黑石集團估計，2024 年全球 ETF 規模將達 14 兆美元（https://www.blackrock.com/hk/en/ishares/insights/growth-trends）。

註 5　傳統的權益型市場 ETF（equity market ETF，又稱原型 ETF）通常是以這種方式創造 ETF，後來發展的 ETF，有許多可以現金申購。

註 6　實際投資於指數成分標的資產的 ETF 稱為原型 ETF，例如元大台灣 50ETF 追蹤台灣 50 指數，也以實際持有指數成分股作為追蹤指數績效的手段。

註 7　衛星資產是即便損失掉，也不會影響人生理財規劃達成的資產。

第 **6** 堂課

透過長期投資與規劃，
有效「創造複利」

　　透過第 2 堂課介紹的八喜法則，相信大家都了解人生理財規劃的重要，知道努力工作是增加所得的重要來源，對人生理財規劃有很大的幫助，只要開始養成良好的健康習慣，繼續實踐八喜法則的第二步：培養並加強「等待」的能力就對了。

　　讀完第 3、4 堂課，相信你對「分散風險」和投資常見的「心理偏誤」已經有了基本認識；讀完第 5 堂課，對於如何穩健增加「被動收入」也有概念了。當你逐漸累積資產，下一步就是透過「長期投資」和「資產配置」，才能穩健而有效率的「創造複利」，達到人生理財規劃的目標。以下就讓我逐一說明。

為什麼要長期投資？

　　時間是散戶的朋友，如果願意長期投資，會有兩個非常重要的好處，第一個好處是：股票市場的績效隨著景氣循環變動，景氣好時，股市通常比較好。不過，景氣不會一直好或永遠壞，但是因為整體來說經濟會持續成長，平均而言，景氣好的情況會比差的情況多，因此，只要你願意「等」，總會等到景氣變好，這讓賠錢的機會大為降低。而且由於經濟成長，長期投資允許投

資人等到好時機再將投資變現，等於用等待的時間換取合理的報酬。

　　第二個好處是，大家都希望能預測未來，預測短期股市的表現非常困難，可是長期趨勢卻是頗可以掌握的，就好像天氣，想精準預測明天的溫度很困難，可是如果現在是夏天，可以很確定冬天到達時氣溫會下降很多。短期間，股價反映兩個因素，第一個是資訊，第二個是對股票的供給與需求。

合法的「私有資訊」

　　先談資訊，投資人看得到的股價已經反應了自己知道的資訊，例如，假設一個上市公司宣布上個月的營收大幅增加，超過投資人原來的想像，股價就會上漲，像這種公開的資訊，只要宣布時超過投資人原來的預期，即會促成股價改變。

　　可是如果你有別人不知道的好消息，就會知道現在一般投資人看到的股價並沒有反映你知道的資訊，你會買進股票，一直到股價已經反映了你自己知道的資訊。這種只有自己知道的資訊叫做「私有資訊」，通常來自於兩個管道，其一，公司的重要內部人，例如董事長、總經理、財務主管等，比別人早知道公司的營運狀況，

如果他們利用這種私有資訊交易自己公司的股票，一定會賺很多錢，造成別的投資人的損失。這種資訊也叫做內部人資訊，法規對於內部人的交易時機有許多限制，例如不能在內部人資訊公告前後交易等，如果違反了這些限制，即構成違法的內線交易，有民事及刑事責任。

並非所有的私有資訊都是內線資訊，有一些是投資人經過研究獲得的資訊，這種資訊特別有價值，利用之後獲利不構成違法，而且獲利機會高，這種資訊通常不是一般人有辦法獲得的，必須有好的資訊管道、專業訓練、研究與分析模型的支持，所以是專業投資人（也就是法人）的專利。

有一些散戶沒有法人的資源，卻相信自己有能力研究出這種高價值的私有資訊，譬如閱讀不同刊物與網站資訊，做技術分析，觀看媒體的分析等，因此以自以為有價值、但是實際上並非如此的資訊投資，不僅獲利機會低，反而造成股價偏離該有的價格，給有私有資訊的專業投資人占便宜機會。

專業投資人利用私有資訊交易前，股價並未反映該資訊；而散戶的交易行為不具規則性，兩者造成了股價短期的波動性，一般人難以預測。第二個影響短期股價的是投資人需要用錢時賣股票，或者資產管理公司因為投資人申購基金而必須買股票，這些交易與資訊沒有關

係，稱為流動性交易，這種交易對短期股價有影響，但是無法被投資人逆料，也造成股價的波動。

買低賣高也未必勝過長期投資

股價的短期變化也與投資人的心理與情緒有關，例如投資人可能對負面消息過度反應，可能對自己擁有的股票感覺特別好，有「敝帚自珍」的情緒，及其他本書提到過的認知偏誤，這些偏誤的發生情境與強度可能因人而異，不易預測。

即使是長期，預測個別股價也很困難。決定一個公司的長期競爭力的因素很多，包括公司自己的經營管理及競爭者的行為等，都難以預測。但是整體股市的長期趨勢卻是可預期的，因為股市是經濟的櫥窗，反映的是經濟的良窳，正常情況下，經濟會逐年成長，所以股市的平均報酬率是正的。由於經濟有景氣循環，經濟有時好，有時較差，股市績效有時會比平均報酬率高，有時會比平均報酬率低，當經濟衰退，股市報酬比平均報酬率低時，將來會比平均報酬率高，當經濟繁榮，股市報酬比平均報酬率高時，將來會比平均報酬率低，這種現象稱為「回復平均」，所以預測整體股市的長期趨勢比較容易。

　　但是並不表示投資人在報酬率低於平均時買入，高於平均時賣出，就會比長期投資的平均報率高，主要有兩個原因，其一、股市的長期平均報酬率並不固定，難以確定何時才是低（高）於平均的水準、其二、景氣循環的期間長短不確定，難以掌握，其三、這種策略比長期投資的交易成本高。也有研究顯示，賣績效最好的股票與買績效最差的股票，計入交易成本後不比長期投資的報酬好。

　　依據以上的說明，個股與股市的短期價格變化令人捉摸不定，散戶沒有專業投資人的研究資源，無法獲得有價值的私有資訊；同時，個股的長期表現也難以預期。以標準普爾 500 指數為例，1969 年時有 166 家工業股納入指數，但是 50 年後僅剩 70 家；[註1]可是整體股市的長期表現卻可以預期，因此對一般人而言，長期投資比短期投資有利，長期投資整體股市比個股合適。

　　圖表 6-1 顯示，以 2002 年為基準，計算上海深圳 300 指數（SHSZ300）、日經 225 指數（NKY）、美國標準普爾 500 指數（SPX）、歐元區 STOXX 50 指數（SX5E）、台灣發行量加權指數（TWSE）的價格指數至 2021 年的成長倍數，即僅以指數本身的數字做計算，並未納入現金股息。在 20 年間，台灣發行量加權指數成長了超過 2 倍，從 1 上升到超過 3。除了歐洲以

資料來源：彭博社

圖表 6-1

外，其他市場的報酬都不錯，日本也上升到 2.5。

在**圖表 6-1** 當中，我們也可以發現，儘管股市上下震盪，長期的報酬率依然是正數。不過，20 年來歐洲股市似乎比較沒起色，但其實只要納入股息再投資的效果，狀況就會不一樣了。

配息再投資的重要性

如果願意長期投資，長期投資的報酬率可能非常可觀，而且如果將配息再投資，複利的加乘效果更是驚

人。大家可以應用我在第 2 堂課提過的 72 法則，在年報酬率 12％的情況下，計算出每 6 年投資大約可以增長一倍。

　　圖表 6-2 顯示，如果**圖表 6-1** 中的指數將現金股息再投資的效果納入，報酬率會有驚人的增加。例如 20 年間台灣發行量加權指數成長了超過五倍，從 1 上升到超過 6，連表現最差的歐洲指數也漲了一倍多，超過 2。可見配息再投資的重要性。

　　共同基金揭露績效時的報酬率有不同的方式，一種是直接以基金淨值計算報酬率，如果基金有配息，因為淨值不包含已經配給投資人的現金，這種報酬率低估了

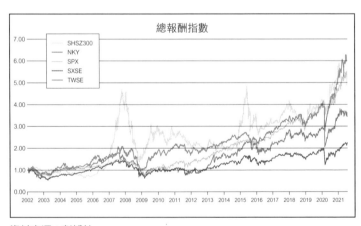

資料來源：彭博社

圖表 6-2

投資人的實際報酬率。另一種會將配息納入淨值計算報酬率，但是並未納入配息再投資的複利效應，這種報酬率也稱為「總報酬率」。如果投資人以基金的總報酬率所計算的平均報酬率篩選基金，姑不論報酬率的風險，經常是拿不到這個報酬率的。以下我以實例解說原因。

「算術平均報酬率」與「幾何平均報酬率」的差異

　　如果你投資甲標的 100 元兩年，第一年底時投資價值增長了一倍，變成 200 元，第一年的報酬率是 100%，第二年虧了 100 元，也就是投資結束後投資價值回到了兩年前的 100 元，第二年的報酬率是 –50%（〔100–200〕/200）。兩年下來，實際報酬率是零，但是平均報酬率卻是 25%（〔100% –50%〕/2），這種報酬率叫做「算術平均報酬率」（即將每年的報酬率加總後除以總投資年數），通常也是金融機構揭露的平均報酬率，並無法反映真正的報酬率。經過兩年後，最後的投資價值可以下列方式計算：

$$100 \times （1+100\%） \times （1–50\%） = 100$$

　　100×（1+100％）是第一年本金加上利息的投資結果，再乘以（1–50％）是第二年底時最終的本金加上利息的投資結果，這種計算方法叫做「複利」。本例中，兩年後，投資人只拿回了本金，完全沒有利息，所以複利兩年後的投資報酬率是零。有一種比「算術平均報酬率」更能代表實際的複利報酬率的計算方法稱為「幾何平均報酬率」。「幾何平均報酬率」是每年能以相同的報酬率複利，得到與 100×（1+100％）×（1–50％）一樣的最後實際投資價值的報酬率。本例的實際報酬率是零，表示幾何平均報酬率是零，即每年以 0％複利。你可以從下列公式了解幾何平均報酬率的計算：

$$100×（1+100％）×（1–50％）= 100$$
$$= 100×（1+0％）×（1+0％）$$

　　我們再舉一個例子來了解「幾何平均報酬率」。如果投資甲標的 100 元兩年，第一年底的投資價值變成 200 元，報酬率是 100％，第二年底的投資價值變成 150 元，報酬率是 –25％，算術平均報酬率是 37.5％（〔100％ –25％〕/2），幾何平均報酬率卻是 22.47％，即每年以 22.47％複利，如下所示：

$$100×（1+100\%）×（1-25\%）= 150$$
$$= 100×（1+22.47\%）×（1+22.47\%）$$

　　所以算術平均報酬率（37.5％）通常高於幾何平均報酬率（22.47％），第一例的算術平均報酬率是25％，幾何平均報酬率是0％，第二例的算術平均報酬率是37.5％，幾何平均報酬率是22.47％。而且價格波動度愈大，兩者的差距愈大，第一例的價格於第一年從100元漲到200元，第二年從200元跌到100元，第二例的價格於第一年從100元漲到200元，第二年從200元跌到150元，第一例的價格波動較高，所以算術平均報酬率與幾何平均報酬率的差距也較大。

　　因此，投資人應該將配息再投資，讓配息利上滾利，這種複利效果比較可能讓你得到接近金融機構揭露的平均報酬率，這是非常重要的「八喜法則」之一，請謹記。同時，如果你以定期定額投資，每期投入的金額比規劃的多一些（例如多10％），會很有幫助。

從台股指數看長期績效

　　我曾與徐苑玲等人做過有關配息再投資的研究，發現長期下來，配息再投資與不再投資之間，會產生巨大

的報酬率差距。(註2) 在這份研究中也發現,一般人習慣以指數報酬(或股價走勢)判斷投資良窳,但是如果長期投資,除了最終的資本利得外,投資人會拿到配息與配息再投資的報酬,因此如果把整體股市發放的現金股利,再投資買相同市場指數的影響納入現行加權指數中,就能得到更能精確衡量台灣股市長期績效的指數。

我們研究台灣證交所自 1967 年 1 月 4 日至 2001 年 12 月 31 日為止所編製的指數,發現納入現金股利再投資收益之指數,由基期的 100 點上漲到 16,179.60 點,但原指數在 2001 年 12 月 31 日僅為 5551.24 點,兩者相差 2.91 倍。原指數求算的大盤年幾何平均報酬率為 12.41%,算術平均報酬率為 21.48%,標準差為 47.11%,納入現金股利收益再投資的複利效果,大盤的年幾何平均報酬率為 15.90%,算術平均報酬率為 25.24%,標準差為 48.13%。因此,如果以原始指數做為資產配置的依據,可能會產生較無效率的配置。

此外,雖然台灣股市在 35 年間所累積出的正報酬率達 17,395%,但股市的大幅上揚,僅發生在短短的 99 天內,尚不到所有交易日的 1%。所以如果投資人短期間頻繁進出股市,很有可能錯失股市多頭行情的獲利機會,相反地,如果沒有準確預測股市漲跌的能力,單純選擇長期投資,可確保資金於股市上漲時仍保持在股

市當中獲利。

　　大家應會同意，實務上，只有極少數台灣投資人拿到 17,395％的總報酬，根據相關研究可以推論：造成大盤再投資報酬與投資人實際獲得報酬之差異的主因，可能是投資人未能長期投資、未將現金股利全數投資回大盤，而且早期台灣股市並無指數型基金，投資人很難直接獲得大盤報酬率。現代的投資人就幸運多了，由於現在已有許多市場型 ETF 可以選擇，投資人可以投資大盤，並以配息再投資的方式，獲得長期較高的報酬率。

認識核心資產的作用與特性

　　了解分散風險、指數型投資和長期投資帶來的複利好處後，我會建議用「全人均衡系統」做人生理財規劃，擬定適合自己的目標投資報酬率，也就是希望能以該報酬率複利，達到人生理財目標，並據以作資產配置。學術研究顯示，**90％以上的投資報酬率，是由資產配置決定的，因此資產配置是決定實際投資報酬率的最重要因素。**

　　人生理財規劃需要靠資產配置達成目標，透過資產配置，可將儲蓄所得分配在不同的資產類型，達成目

標報酬率。資產類型包含存款（現金）、債券、股票、外幣、稀有金屬（如黃金）、各類商品（如石油、農產品）、房地產等，投資人經由投資於個股、共同基金、ETF、衍生性商品、各種金融機構銷售的理財商品、另類投資例如避險基金、私募基金等金融商品，達到資產配置的效果。

「八喜法則」強調，必須有適合長期投資的資產配置與投資標的，才能獲致長期投資的效果，達成人生理財規劃的目標，這類適合長期投資的資產稱為「核心資產」，與達成人生理財規劃無關連的投資則稱為「衛星資產」。以下說明「核心資產」這個重要的理財概念。

並非所有的金融商品都適合做為核心資產，除非自認為資產已經很多、人生理財規劃目標基本上都能達成，一般人應將所有的可儲蓄所得投資於核心資產中。

由於投資的目的是達成人生理財規劃目標，核心資產應該是在人生理財目標來到的階段，需要用錢的時刻，能夠讓你在資產價值不減損的情況下，迅速拿到現金，也就是讓你能以市場行情（市價）將資產迅速變現。

因為你需要長期及有紀律的投資才能達到人生理財規劃的目標，所以做投資決策時，應當選擇商品設計簡單、流動性高、透明度高、交易成本低、被迫變現度低

的資產類別，以下就針對上述「核心資產」的幾項特性逐一說明：

商品設計簡單

　　商品設計簡單的意思是，投資標的之獲利與損失的計算很簡單易懂，例如股票，買賣價差加上配息就決定賺賠；但是有些商品的設計就複雜了，例如認購權證，有到期日、執行價格，投資人需要了解到期日如何影響權證的價值、執行價格如何影響權證價格、除權息如何影響執行價格，標的股票價格如何影響權證價格，而且到期日後權證即消失，這些因素讓權證是一種短線交易的金融商品，而且通常權證快到期前就沒有投資人想買權證了。權證也內含高槓桿風險，權證價格比股票價格低很多，權證價格漲跌的幅度遠高於股票價格，投資人必須承擔高價格波動的風險。所以雖然投資人買賣權證後也可以用價差計算賺賠，但是影響賺賠的因素比股票複雜得多。而且權證到期日短（通常短於一年），投資人無法以權證長期投資，必須短線操做。

　　類似權證的還有許多衍生性金融商品，像選擇權、期貨、交換契約等，尤有甚者，許多理財商品內涵衍生性商品的設計，但是投資人不容易看得出來，例如保本

型，或者獲利及損失受某種條件決定的商品等。和理財顧問或者是金融機構接觸時，投資人應該問是否理財商品包含衍生性商品的設計，對愈複雜的商品，愈應謹慎。

流動性高

　　流動性高的意思是市場上隨時有許多人想買，有許多人想賣，使得想買的人很快買得到，想賣的人很快賣得掉，而且不需要因為想賣就做大的價格讓步，不需要因為想買就要出高溢價買。當投資人需要錢支付人生理財目標支出時，想要的就是可以隨時動用錢，這就是高流動性資產的優點。可是許多資產的流動性低，例如古董、字畫的流動性即很低，需要等很久才賣得掉，而且很難控制價格；房地產的流動性也低。你在投資前，應對於投資標的的流動性有所了解。並不是同一類資產的流動性都一樣，有的股票的流動性低，有的高，你只要觀察交易量即可知道。

　　有的理財商品要求固定的投資期限，譬如一定要投資幾年以上，由於不能提早贖回，或者贖回成本很高，也屬於流動性低的商品。但是定存的流動性高，因為即使提早解約，僅會損失一部分利息。

透明度高

透明度高的意思是投資標的價格之決定是很清楚的。在公開市場交易的標的，例如上市上櫃股票、債券等，交易量及投資人下單狀況大家看得到，透明度就高；例如避險基金投資的標的並不在公開市場上交易（像企業的私募債券），採用投資人不易懂的交易策略等，透明度低，而且避險基金的流動性也低，對贖回有許多限制，當然投資避險基金的門檻高，一般人可能接觸不到。

又例如不同的指數型基金因為追蹤標的不同，透明度可能不同，有的指數是由交易所設計，目的是讓投資人了解某一種上市股票的整體績效，例如台灣證交所的發行量加權指數要給投資人整體股市表現的概念，台灣50 指數讓投資人了解台灣最大型的 50 支股票的績效，小型股指數讓投資人了解投資小公司的報酬，這類指數的透明度高，因為指數包含的股票的價格很透明。有些指數的透明度低，因為金融機構設計指數時所包含的投資標的透明度低，或者指數的計算方式複雜。投資指數型基金時，最好選擇的是指數透明度高的。

交易成本低

　　交易成本低的意思是投資時所需負擔的各種費用低，有些費用透明度高，有些費用投資人可能不清楚已經支付了。投資費用對投資績效有很關鍵的影響，投資人不能輕忽。以投資台灣上市、櫃股票為例，投資人必須負擔證券商收取的交易手續費，法定的收取上限為交易金額的 0.1425％，實務上大致在 0.1％以下，買、賣各收取一次，賣出時政府抽取 0.3％的交易稅。假設交易手續費為 0.1％，每次交易金額 10 萬元，買進加上賣出一趟的交易總成本為 0.5％，即 500 元，好像不多，但是如每個月都進出一次，交易總成本為 6％（0.5％×12），即 6,000 元，如果每個月交易兩次，交易總成本為 12％，即 12,000 元。

　　美國整體上市櫃市場的長期報酬率接近平均每年 12％，學術研究顯示，美國有很多法人打不過大盤，一般投資人的能力比法人低，如果每個月交易兩次，要拿到 24％的報酬率，扣掉交易成本後績效才和大盤一樣，可以想像一定很少的散戶做得到，可是如果投資在指數型基金上，支付一點交易成本就可以拿到大盤報酬率。

　　交易成本還包括投資人感覺不到的買賣價差

（spread），市場中的最低價格委託賣單（假設 101 元）
與市場中的最高價格委託買單（假設 100 元）的差距
稱為買賣價差（1 元）。按照台灣證券市場的規定，新
委託市價買單進來時，會與市場中的最低價格委託賣
單成交（假設 101 元）；新委託市價賣單進來時，會
與市場中的最高價格委託買單成交（假設 100 元），
投資人如果買了以後，馬上後悔賣出，就損失了 1 元
（101–100），投資人不明就裡，會以為市場在下行，其
實市場狀況並未改變。市場中的委託單的數量與價格決
定買賣價差，買賣價差愈大，新委託單的成交價愈不
好，當流動性低時，買賣價差愈大，這也是投資的交易
成本之一。

　　交易成本依理財商品而異，例如投資共同基金須注
意費用比率（expense ratio），包括申購費、贖回費、
管理費、其他基金操作費用（交易手續費、保管費、交
割結算費等），我國主管機關並未要求基金公司揭露費
用率，投資人應要求基金公司揭露，指數型基金的費
用比率通常比其他種基金低，別小看費用比率，一年差
1%，加上複利效應，投資時間長之後是一筆可觀的費
用。

被迫變現度低

　　有些商品會強迫投資人終止投資，因此投資人等於被迫將投資變現，最常見的原因是商品有到期日，例如衍生性商品、債券等有到期日，有些私募基金有固定投資期限，有的商品規定某種條件達到時，契約即結束，譬如匯率到達某價位，投資人就必須以預訂的條件贖回。只要這種被迫變現的情況發生，長期投資人就面臨必須將變現後的資金再投資，而當時的市況不見得對投資人有利，而產生所謂的「再投資」風險。

　　根據上面幾項原則過濾出的資產類別中，可再以同樣的原則，選取適合長期投資的標的。一般來說，股票、存款、債券等資產類別，比較適合做為達成人生理財規劃目標的核心資產，而市場型指數型股票基金，指數型的主權評等高的政府債券型基金，定期存款較適合做為核心投資標的。

　　決定了資產配置與適合長期投資的核心投資標的後，應該考慮用定期定額的方式，以固定的頻率（例如每月）、固定的金額（例如一萬元）投資。下一堂課我會說明，不適當的擇時交易方式，對你會有很大的負面影響。

周教授說

　　了解長期投資的好處後，資產配置與投資標的之選擇應適合長期投資，避免需要經常選股或擇時，交易的方式最好是定期定額。任何事情的成功都必須靠有紀律地實踐，如果你願意長期、定期定額的投資，應該會對你的人生有意想不到的幫助。

註釋

註 1　https://www.qad.com/blog/2019/10/sp-500-companies-over-time

註 2　〈台灣股票市場的長期績效〉，周行一、徐苑玲、陳虹伶、黃寬彥，《台灣金融財務季刊》，2010，第十一輯，第三期：89-111 頁。

第 **7** 堂課

注意投資交易的
「隱藏成本」

　　當依據目標報酬率決定了資產配置與投資標的後，接下來就應馬上執行計畫，開始投資你的可儲蓄所得。

　　很多人開始投資之後，會很在意實際獲利的狀況，這時我還是要再一次提醒八喜法則「等」的重要性，要記得時間才是獲利的關鍵，避免想從短期買進賣出中獲利。很多人常會隨著證券的價格數字心情起起伏伏，忽略投資交易的其他隱形成本，在這堂課我就來談一下交易時你應當有的一些常識、各種你可能忽略掉的交易成本，及適合你的交易策略。

投資的機會成本

　　機會成本的意思是，為了得到做一件事情的好處，必須放棄別的事情的好處所做的犧牲。投資的機會成本很高，每個人的時間與金錢有限，投資一支股票就必須放棄別的標的。機會成本是投資時最常被忽略的成本，卻可能是你的交易成本項目中的最大宗，如果多花一點時間煩惱擇時與選股，就會少花一點時間在別的事情上，把這些時間花在家庭、事業、健康上，您的生活應該會比較好。

　　有些投資人想靠投資賺大錢，所以花許多時間思考

交易策略，這些交易策略不外乎趨勢交易、承擔風險或套利，分項簡述如下：

趨勢交易

趨勢交易策略主要是希望靠抓到趨勢獲利，基本上就是要精準選股與擇時，這也是一般人最常使用的策略。

學術研究顯示，一般人採用短期交易策略所得到的報酬還不如市場型指數型基金的報酬，這種結果不令人意外，因為，散戶不具備預測趨勢的能力，資訊來源多為媒體與親朋好友，可是卻容易受這些訊息來源鼓動而投資，所以少閱讀介紹投資機會的資訊，或者避免與親朋好友討論投資反而有利於增進自己的投資績效，可以輕易地利用市場型的指數型投資，獲得市場的報酬，投資人需要做的是採取「八喜法則」，具備「等」的能力，利用時間獲得報酬。

承擔系統性風險以時間換取報酬

承擔風險是投資人能獲利的唯一一種交易策略，但不是上述的短期趨勢交易，而是靠承擔長期的系統性風

險，以長時間換取合理報酬的長期投資策略。理論及實務上，本書於之前的章節中已說明，如果你願意分散風險，長期間，承擔較高的系統性風險會獲得較高的平均報酬，因此有一些系統性風險因子交易策略可以考慮。

除了貝它值代表投資標的與整體市場關聯性的系統性風險之外，有許多研究顯示，可能有其他的系統性風險，最常被引用的是法碼與法蘭西（Fama and French）的研究發現，價值型股票與成長型股票的報酬差距，和小公司與大公司的報酬差距，可以衡量系統性風險。

美國的經驗顯示，過去一個世紀的長期間裡，價值型股票的平均報酬率比成長型高，但是也經常豬羊變色，2022 年之前的十年，成長型股票的表現即比較好；小公司股票的平均報酬率比大公司高，但是也經常主客易位。價值型股票是價格相對於盈餘或者帳面值低的股票，成長型股票是價格相對於盈餘或者帳面值高的股票，但是大型股與小型股都可能是成長型與價值型股票，不過成長型與價值型可能有集中某些產業的傾向，例如 2022 年之前的十年，很多的成長型股票屬於科技股。

如果你要投資價值型、成長型、小公司或大公司這類股票，還是以指數型投資為宜，只要能夠「等」，長期後會因承擔系統性風險得到報酬，但是不要忽略投資

於市場型的指數基金。應避免僅投資少數個股，沒有分散風險的結果可能是血本無歸。

在第 5 堂課曾介紹過聰明貝它，很多基金公司會以某種自己制定的法則設計指數，做為 ETF 追蹤績效之標的，所創造出的 ETF 都可泛稱為「聰明貝它 ETF」，因此除了追蹤上述幾類指數的 ETF 屬於聰明貝它 ETF 之外，以其他種類風險為基礎設計的 ETF 也是聰明貝它 ETF，例如高股息成長 ETF。

聰明貝它 ETF 形形色色，設計目的是要偏離市場指數，讓投資人的報酬與風險的比值（例如夏普及崔納指數）比市場指數好，但是過去針對共同基金的研究顯示，大多數基金的績效不如市場指數好；愈偏離市場指數的聰明貝它 ETF，通常透明度愈低，流動性也愈差，投資人必須有能力選擇並挑選適當時機交易這類聰明貝它 ETF，才可能有較好的獲利，可是一般人不具備這種能力，投資前應仔細思考。

真正能有好機會賺錢的策略是「套利交易」，有些套利交易的風險可以受到好的控制，穩當獲利，例如以前介紹過的 ETF 市價與淨值差之間的套利，但是也有必須承擔風險的套利行為，最終可能得不償失。一般來說我不推薦散戶自行從事套利交易，但為了讓大家對它有多一些認識，以下我也談一下「風險套利」。

風險套利

嚴格而言，套利是買低及同時賣高的行為，而且不承擔風險，但是所有的套利行為都牽涉一些風險，只是風險的性質與大小不一樣，例如 ETF 的套利雖然牽涉的風險不大，但是還是有風險，比方執行套利時的真正成交價格可能不如預期等，但是這種風險是可控的，倒如以電腦執行程式交易，也就是由電腦程式控制下單流程，增加多數不同標的同時成交的機會，減少價格偏離預期的風險，或者等到套利的潛在利潤更大時再執行套利，即使交易過程發生未預期到的狀況，仍舊有好機會獲利。

套利通常是基於理論上的價格關係產生的，例如 ETF 的市價與標的指數的淨值應該一樣，當兩者不一樣時就有套利機會。但是實務上，儘管有理論基礎，不確定性及交易成本造成套利會有風險，就像 ETF 市價與指數淨值間的套利也不是萬無一失，例如上述的買賣價格不如預期等。套利者必須願意承擔風險才可能完成套利，有一種投資人明知風險不算小，仍舊執行套利的交易行為叫做「風險套利」。

風險套利指的是，預期某種事件會發生（例如合併、公開收購、資本重結構的活動、分拆、公司重整

等），購買低價格及同時賣出高價格證券的行為。就像
ETF 市價與淨值間的套利，風險套利通常是法人的專
利，例如避險基金即為參與者之一，或者高資產自然人
才有機會參與這種投資。

　　風險套利有三個步驟，第一、估計風險套利的報
酬，第二、確定套利部位的規模，第三、持續評估套利
風險，修正報酬的期望值，如有必要則調整部位。以下
我用甲乙兩家公司併購案為例來做說明：

　　以甲公司併購乙公司為例，估計風險套利的報
酬，你會看到套利過程中的風險。實務上，通常被
併購的乙公司接受的出價會比乙公司股票的市價
高，使得乙公司股東有誘因同意甲公司的出價。假
設甲公司公開收購乙公司所有股權，願意以一股
50 元現金及一股甲公司股票認購權收購一股乙公
司股票，乙公司股票現在的市價為 49 元，甲公司
股票認購權的估值為 3 元。

　　一股甲公司股票認購權的意思是，乙公司股東
可以在併購完成後，以預先約定好的價格（稱為執
行價）購買甲公司的股票，如果將來甲公司的股票
超過該約定價格，乙公司股東即可以用這個認購權
以約定的較低價格買入甲公司股票而獲利。通常甲

公司訂的執行價會讓乙公司股東認為將來的獲利機會高，因此，這個認購權是有價值的，通常甲公司於出價時，有第三方為該認購權估價，給乙公司股東參考。

同時假設合併完成前兩公司都不會發放股利，主管機關已核准合併，合併預計 90 天內完成，融資成數為 50％（即投資人可以自己出資 50％，另外借 50％買乙公司的股票），年利率為 6％。由於乙公司的股東可以拿到 50 元現金加上 3 元的認購權價值，但是乙公司股票的價格只有 49 元，套利者可以融資 50％買乙公司股票，持有到合併日，賺取風險套利的報酬。我們可以計算總價差（gross spread）與淨價差（net spread），估計套利報酬。

總價差 = 賣價 – 買價
= 乙公司股東併購完成後能獲得的利益 – 乙公司股票價值
= 50 ＋ 3 － 49 = 4（以上例做計算）

淨價差 = 總價差 ± 套利活動所產生的其他收入或費用
= 總價差－建立部位所負擔的融資成本＋
融券賣出所得資金的利息退款 ± 股息
= 4–（〔6%×50%×49〕×〔90/365〕）
= 4 – 0.36 = 3.64（以上例做計算）

本利沒有牽涉融券賣出（即借別人的股票出售），也假設沒有股息，所以融券賣出所得資金的利息退款與股息均為 0。淨價差即是風險套利的潛在利潤金額，可以轉換為潛在的投資報酬率（ROI, return on investment）：

投資報酬率 = 淨價差 / 自有投入資金
= 3.64/（49×50%）= 14.86%

為了比較不同套利活動的報酬率，可以將報酬率年化：

年化投資報酬率
= 14.86%×（365/90）= 60%

雖然上面這個例子的報酬率看起來很誘人，但是卻

蘊藏風險。因為這件併購案雖經主管機關同意，但在併購完成前仍有許多不確定性，例如可能因為併購條件改變，或被併購公司的狀況改變，使買方或賣方有理由退出；或者某些無法預期的事情發生造成乙公司的價值大幅減損，而使併購案取消；有競爭者加入要併購乙公司；持反對意見的股東抗爭，甚至有股東訴訟；甲公司的市場價值因某些因素大幅下降，例如兩公司管理階層的衝突，造成乙公司股東的認購權失去價值；在套利的過程中也可能發生交易價格不理想的狀況。而且上面所計算的報酬率並未考慮到賦稅，例如資本利得稅等。

套利者通常會利用信用交易作風險套利，雖然可以擴張報酬，但是也擴張了風險，降低了套利者承擔風險的能力。本例如果不融資，報酬率僅為 33.1%（〔4/49〕）×〔365/90〕），而非 60％，可是如果最後併購失敗，乙公司股價極可能下跌，而使得套利者被斷頭，被迫實現損失。

因此套利者也必須思考套利部位的規模，避免風險發生時無法承受損失，而且在併購過程中持續評估套利風險，修正報酬的期望值，如有必要則調整部位，有時可能必須認賠結束套利，以免損失超過可承受範圍。

股市交易的隱形成本

　　當你投資時，需要具備一些交易方面的知識，幫助節省交易成本，減少在成交價格等方面被專業投資人占便宜的機會。交易相關知識包括交易費用及成本、下單方式、成交規則等，前面在第 5 堂課我曾講過共同基金的交易成本，以下就針對個股和 ETF 的交易知識來做說明。

下單方式與成交規則

　　在台灣，個股的交易必須經由證券商，由券商將投資人的買單與賣單轉到台灣證券交易所或中華民國櫃檯買賣中心（櫃買中心），配對成交。你必須先在券商開戶後才能投資，雖然還是可以到券商的營業處所或者打電話給營業員下單買賣，現在多數人以網路下單，這是比較經濟實惠的方式。**切勿委託營業員代為操作買賣，更不可以將存摺及印鑑交給營業員保管，這種作法將暴露你於無法承受的風險中。**

　　當下載券商的投資 APP 之後，一定要熟悉 APP 裡面的各種警語及功能再開始下單，沒有人會比你自己更在意保護自己的財富，如果對 APP 有問題，應詢問券

商，了解後再交易。

集中市場與店頭市場

　　許多國家的股票可以在集中市場或店頭市場交易，集中市場顧名思義，是大家聚集在一個地方交易，例如傳統菜市場，店頭市場是分散在不同的地方交易，例如散布在不同地方的雜貨店。由於資訊科技的進步，兩者的差別已愈來愈不明顯，投資人都是以網路進行交易。例如美國最有名的集中市場是紐約證券交易所（NYSE），店頭市場是那斯達克市場（NASDAQ），台灣的集中市場則是台灣證券交易所，店頭市場是中華民國櫃檯買賣中心，但是兩個市場因為網路交易發達的原因，交易方式基本上是一樣的。美國有許多交易平台可以撮合投資人的買賣委託單，通常投資人不會知道委託單在哪個平台撮合，只會知道成交價格與股數。在台灣，買賣委託單一定是在股票掛牌的市場集中撮合，例如台積電股票一定在證交所集中撮合。

「限價委託單」與「市價委託單」

　　投資人在券商提供的 APP 中輸入委託單交易，委

託單分買單與賣單，含有兩種重要資訊──價格與數量，價格是願意成交的價位，數量是想成交的股數。除非投資人先特別選擇了零股交易，一單位的買或賣是 1,000 股，俗稱一張。投資人可選擇做零股交易，單位在 1 至 999 股之間，但是只能做電子交易；零股交易的交易量低，不如整張交易，在成交價格上面可能會吃虧。

除了分買單與賣單之外，委託單種類也分限價與市價委託單。限價委託單有明確的願意成交價格，只能以比該價格好的成交價成交。例如投資人以限價 400 元想買 1 張台積電股票，成交買價只能是 400 元或低於 400元，如果該限價單是賣單，成交賣價只能是 400 元或高於 400 元。

市價委託單沒有明確的願意成交價格，如果輸入市價委託單，表示願意以當時可以成交的任何價格成交，因此市價委託單比限價委託單優先成交，但是有較高的價格風險，當該股票的交易量不活絡時，有可能成交價格與投資人看到的上一次成交價格有很大的差距。

比方某張股票上一個成交價格是每股 8 元，如果有一個限價賣單已經掛在系統中，願意以 8.20 元賣 2 張，你如果輸入市價買單想買 1 張，將馬上以 8.20 元買到 1張，與上一個成交價格的差距是 2.5％（〔8.20–8〕/ 8）。

或者市場中暫時沒有人要買賣這支股票，你如果輸入市價買單想買 1 張，突然一個限價賣單輸入系統中，願意以 8.2 元賣 1 張，你的市價委託單將立即成交。

　　因此**交易時應盡量避免下市價單，只有在交易很活絡的情況中才考慮下市價單**，由於以限價單交易流動性高的股票也很容易成交，如果你的交易標的股票的流動性高，其實並不需要下市價單。原則上，長期投資者尤其不宜投資流動性低的股票，避免需要賣股票時被迫下市價單，同時必須了解，即使交易量大的個股也不適合長期投資，除非投資人擁有的是投資標的很多之風險分散的投資組合。一個現在表現不錯的公司有可能未來表現不好，唯有分散風險，才能讓長期投資者可以「等」，而「等」是一般人最需要擁有的投資能力。整體而言，指數型基金如 ETF，對投資人分散風險來說是很方便的。

注意三種下單方式的差異

　　每一種買賣單有 3 種下單方式：當日有效、立即成交或取消、全部成交或取消。當日有效的委託是指，如果委託單無法在當天的正常交易時段內成交，該委託即作廢，投資人如果還想交易該股，必須在次一交易日再

輸入委託單，這是投資人最慣常的委託方式，券商提供的交易 APP 的預設也是當日有效的委託，除非投資人在 APP 中選擇別的下單方式，否則委託單是以當日委託進行搓合。

立即成交或取消委託表示下單後允許部分成交，剩下未成交部分的委託則取消。全部成交或取消表示如果能成交必須全部委託的股數都成交，否則即取消委託。短線交易者可以用立即成交或取消搶時機，但是避免委託單未全部成交後仍留在系統內，偏離了原來的交易時機。法人如果需一次買入或賣出一筆大數量的股票，由於大量股數的交易可能對成交價有大的影響，可以用全部成交或取消委託，避免在無法全部成交的情況下，剩下無法成交的委託量會以不利的價格成交。

委託單的搓合

股市的交易時間區分為正常（盤中）交易時段與盤後交易時段，台灣的正常交易時間為星期一至星期五 9：00–13：30，8：30 即可輸入委託單，9：00 是開盤時點，之後才會有第一個成交價格，稱為開盤價；13：30 是收盤時點，會有最後一個成交價格，稱為收

盤價,收盤價是很重要的資訊,例如共同基金是以收盤價計算投資人申購與贖回的基金淨值。

委託單的撮合規則是連續撮合,亦稱逐筆交易,就是委託單輸入後能配對成交即成交,配對的規則是價格優先與時間優先,價格好的委託單先成交,價格一樣時,先輸入的委託單先成交。當輸入之買進申報價格高於或等於先前輸入之最低賣出申報價格時,依賣出申報價格由低至高依序成交,直至完全滿足或當筆輸入之買進申報價格低於未成交之賣出申報價格為止。例如一個限價買單要以 50 元買 2 張,如果在系統中原本已經有兩個限價賣單等候成交,一個是以 49.9 元賣 2 張,一個是以 50.2 元賣 1 張,該現價買單馬上會以 49.9 元成交 2 張。

當筆輸入之賣出申報價格低於或等於先前輸入之最高買進申報價格時,依買進申報價格由高至低依序成交,直至完全滿足或當筆輸入之賣出申報價格高於未成交之買進申報價格為止。例如一個限價賣單要以 49.8 元賣 2 張,如果在系統中原本已經有兩個現價買單等候成交,一個是以 49.9 元買 2 張,一個是以 49.8 元買 1 張,該現價賣單馬上會以 49.9 元成交 2 張。

但是開、收盤價撮合的方式不同,採用的是集合競價機制。開盤前三十分鐘可以輸入委託單,開盤時一次

搓合，交易所以能達到最大成交量的價格搓合委託單，做為開盤價格；收盤前最後五分鐘內輸入的委託單只在收盤時做一次集合競價，也是以能達到最大成交量的價格搓合委託單，做為收盤價格。

　　依據台灣證券交易所的集合競價成交價格決定原則，第一是滿足最大成交量成交，高於決定價格之買進申報（委託單）與低於決定價格之賣出申報須全部滿足；第二是決定價格之買進申報量與賣出申報量至少一方須全部滿足；第三是合乎前二款原則之價位有二個以上時，採接近當市最近一次成交價格之價位，如當市尚無成交價格者，採接近當市開盤競價基準之價位。當市開盤競價基準之價位通常是前一日的收盤價。

　　以證交所提供的集合競價資料為例，[註1]如**圖表7-1 所示**，某有價證券於前次撮合後，成交價為 104.00 元、買進揭示價 104.00 元（表示在 104.00 元的價位尚有未成交的買單張數）、賣出揭示價 104.50 元（表示在 104.50 元的價位尚有未成交的賣單張數），本次撮合前的買賣委託情形如**圖表 7-1**。依集合競價規則，在當市漲跌停價格範圍內，以能滿足最大成交量的價位成交，撮合結果如**圖表 7-2**，成交價為 106.00 元，共成交 185 張，未成交買進揭示價 105.50 元，10 張，未成交賣出揭示價 106.00 元，7 張。

累計買方張數	買方張數	買賣價位	賣方張數	累計賣方張數
前次撮合後結果：成交價 104.00，買進 104.00，賣出 104.50				
110	10	108.00	20	257
130	20	107.50	10	237
140	10	107.00	10	227
160	20	106.50	25	217
185	25	106.00	20	192
195	10	105.50	22	172
195		105.00	40	150
245	50	104.50	50	110
245		104.00	10	60
275	30	103.50	20	50
285	10	103.00	10	30
295	10	102.50		20

圖表 7-1　撮合前買賣委託狀況

累計買方張數	買方張數	買賣價位	賣方張數	累計賣方張數
前次撮合後結果：成交價 104.00，買進 104.00，賣出 104.50				
		108.00	20	72
		107.50	10	52
		107.00	10	42
		106.50	25	32
		106.00	7	7
10	10	105.50		
10		105.00		
60	50	104.50		
60		104.00		
90	30	103.50		
100	10	103.00		
110	10	102.50		

圖表 7-2　撮合後買賣委託狀況

　　圖表 7-1 的累計買方張數代表價格愈高的買單會優先被撮合，在買價為 108.00 的價位上，有 10 張買單，比 108.00 價位高的買單如果與 108.00 價位上的買單都撮合成功，總共會有 110 張被撮合。累計賣方張數也代表類似的意思，價格愈低的賣單會優先被撮合，在賣價為 102.5 的價位上，沒有賣單，比 102.5 價位低的賣單如果與 102.5 價位上的賣單都撮合成功，總共會有 20 張被撮合。

　　如果要以能滿足最大成交量的價位成交，在 106.00 元的價位上，累計買方張數為 185，累計賣方張數為 192，與其他可能的成交價位相比，185 張是最大的成交量，在 106.00 元與高於 106.00 元價位的買單張數都會被滿足，在低於 106.00 元價位的賣單張數都會被滿足，而在 106.00 元的價位上的賣單會有 7（192–185）張未被滿足。

　　撮合後對外揭示撮合後未成交買賣五檔價量（未成交買進揭示價 105.50 元，10 張，104.50 元，50 張，103.50 元，30 張，103.00 元，10 張，102.50 元，10 張，未成交賣出揭示價 106.00 元，7 張，106.50 元，25 張，107.00 元，10 張，107.50 元，10 張，108.00 元，20 張，及成交價量。在逐筆撮合的時段中，交易所也是揭示撮合後未成交賣五檔價量。

價格穩定措施

除了上述的搓合制度會影響成交價格與交易量之外，台灣股市還有其他的規定與制度，影響成交價格與交易量。台灣股市有 10％的每日漲跌幅限制，也就是今天的成交價格與昨天的收盤價不能相差超過 10％，例如一支股票的昨日收盤價為 100 元，今天最多只能漲到 110 元，或跌到 90 元，由於許多已開發市場無漲跌幅限制，例如美國，以國外資產為標的 ETF 不受漲跌幅限制。

已開發市場常採用盤中價格穩定機制，亦稱為熔斷（circuit breaker）機制，在美國，標準普爾 500 指數（S&P 500 Index）分三階段實施價格穩定措施，如果指數比前一天的收盤指數跌了 7％，第一階段的價格穩定措施生效，全部市場暫停交易 15 分鐘，如果指數續跌至 13％，第二階段的價格穩定措施生效，全部市場暫停交易 15 分鐘，但是如果暫停交易的啟動發生在 3：25 PM，也就是美國股市收盤前 35 分鐘內，股市就持續交易到收盤。如果指數跌了 20％，就全天休市。

美國股市也有個股的暫停交易措施，達到某種程度可以暫停交易 5 分鐘或一段時間，但不會完全停止交易，如果想交易美股可以上你的交易平台了解相關規

則。台灣有每日漲跌幅，因此沒有像美國的指數熔斷措施，盤中瞬間價格穩定措施是實施在個股的價格變化上。開盤後，於盤中至收盤前 10 分鐘的交易期間，每盤撮合前先試算成交價，如漲跌超逾上一次成交價的 3.5％，該檔股票將暫緩撮合 2 分鐘，2 分鐘後以集合競價撮合成交。

　　台灣股市在正常交易時間收盤後，有盤後交易時段，14：00 ～ 14：30 以正常交易時段的收盤價撮合買賣單，供收盤後仍想交易的投資人交易。

小心股票與 ETF 的交易成本

　　台灣官方定的買、賣單邊的交易手續費上限是 0.1425％，由於網路交易很方便，券商通常將手續費打到六折以下，但最小的手續費金額是一元，賣出時須繳 0.3％交易稅（ETF 是 0.1％），投資 ETF 還需考慮費用比率，我國法規並不要求基金公司揭露費用比率，而且個股及 ETF 也可能配息，投資人須負擔股息所得稅，但是台灣股市無資本利得稅。

　　台灣的交易費用看似微小，例如買的手續費為 0.0008，賣的手續費為 0.0008，交易稅為 0.003，買賣

一輪的交易費用為 0.0046，其實是很高的成本，尤其如果交易頻繁，成本就會很驚人，例如每個月交易一次，一年的交易成本即達 0.0552，比投資指數型基金高很多，即使投資的是 ETF，交易次數多，成本也非常驚人。

交易成本除了包括交易手續費、證交稅，還有一般人注意不到的買賣價差（bid-asked spread，第 6 堂課中介紹過）與和流動性有關的價格波動。例如市場中現存尚未成交的最低價格委託賣單的價格為 100 元，要出售 10 張，市場中最高價格委託買單的價格為 99 元，要出售 5 張，買賣價差即為 1 元（100-99）。

如果投資人以市價委託買單買 1 張，將以 100 元成交，成交後，該最低價格委託賣單還剩 9 張未成交，如果投資人馬上反手以市價委託賣單賣 1 張，雖然市況完全未改變，將以 99 元成交，成交後，該最高價格委託買單還剩 4 張未成交，投資人馬上賠了 1,000 元（〔100-99〕×1,000），投資人的損失就是買賣價差造成的。

當流動性低時，如果投資人進場，買賣價差大，成交價格不好，買賣價差造成的交易成本即愈大，因此一般人應選擇流動性大的證券交易，**不僅較容易成交，也降低買賣價差造成的成本。**

股票、ETF 與基金的定期定額交易

　　以上說明的是投資人自己下單在交易所交易股票與 ETF，如果是定期定額交易，投資人也可以自己下單，不過這種做法需要很高的紀律，要記得定期定額的時間，實際按時下單，還要計算定額下可以購買的股數，這種麻煩性會阻礙投資人採取定期定額的投資方式。幸好現在投資人可以經由券商、銀行、基金公司、保險公司等進行市場型及某些 ETF 與指數基金的定期定額投資，幫助投資人簡便地建立定期定額的投資紀律。

透過券商做定期定額交易

　　投資人可以經由券商進行個股與 ETF 的定期定額交易，不過券商僅選擇少數特定股票與 ETF 供投資人選擇，通常入選的是流動性較大的投資標的，不同券商選擇的標的不盡相同，也可能會有不同的每次最低投資金額限制，如 1,000、3000 元不等，每月可多次扣款交易，由投資人自訂時間。券商集合眾多客戶款項代為交易，成交價格視實際交易狀況結果，完成後由券商按成交的加權平均價格分配股數給個別帳戶，之後投資人可以自行賣出，手續費通常是 0.1425％的六折以下，最低

一元，賣出時投資人必須自己下單，支付賣出的手續費及證交稅，如果投資 ETF，成本還包含在淨值中直接扣除的相關費用，例如基金管理費。

券商無法幫投資人直接再投資配息，因此投資人必須記得自己將獲得的股息再投資於相同標的，簡便起見，可以用設定好的定期定額金額（我會建議大家可使用透過「全人均衡系統」規劃出的建議金額），加上預期的股利率（dividend yield）進行定期投資。股利率是預期未來的股息除以股票的買價，由於愈來愈多公司希望採用穩定的股利政策，你可以用上一次的年度配息做為未來年度配息的依據。

例如用每週投資 2,000 元為例，以台積電 2021 年總共配息 11 元，現在的股價是 500 元，股利率即為 2.2％（11/500），將股利率加入投資金額後的金額為 2,044（2,000×1.022），券商通常有訂定最低增加單位金額，如果為 100 元，你每次的投資金額即可訂為 2,100 元。

你也可以經由券商複委託購買國外的股票及 ETF，由於外國的手續費制度不同，購買前應詳加了解再投資，有些複雜商品須具備專業投資人資格（例如 3,000 萬以上的財力）才能交易，這裡還是建議用「八喜法則」投資於追蹤市場指數的指數型基金，比較適合一般

投資人。

　　由於上網非常方便，投資人可以在海外券商開戶交易海外標的，你必須注意該金融機構是否受中華民國政府允許，合法在國內營運，避免萬一權益受損時投訴無門。而且，這些海外電子交易平台無定期定額投資的功能，投資人必須靠紀律固定時間交易；手續費通常與交易筆數連動，與交易金額無關；國外投資的稅制也不同，投資前應先了解，例如美國 ETF 與股票配息會被美國政府扣繳 30％的所得稅，投資人無法拿回。

經由其他金融機構作定期定額交易

　　台灣的投資管道有一個生態環境，包括最上游的初級市場（primary market），企業在初級市場中發行有價證券籌資，例如股票及債券，券商幫助企業將這些有價證券出售給投資人，同時與交易所等金融機構合作讓這些有價證券在市場中供投資人買賣，形成有價證券的次級市場（secondary market），券商與其他資產管理公司例如投資信託公司（簡稱投信）、投資顧問公司（簡稱投顧）、保險公司，避險基金（hedge fund）等再將這些有價證券設計包裝成金融商品出售給投資人，例如開放型基金、ETF、ETN 等，這些金融機構可以銷售自

已設計的金融商品，也可以經由其他下游的金融機構，例如銀行、保險經紀人與基金銷售平台等，代銷商品。

　　金融機構服務投資人，理應收取費用，不同的機構有不同的策略與商業模式及競爭方法，因此會有不同的商品與收費方式。你應該了解的是，**愈簡單的商品通常費用愈低**，因為金融機構需要投入的研發、交易、管理與行銷的成本愈低。對投資人而言，**愈簡單的商品也愈容易理解**，為了分析與了解商品所花的時間因此愈少，而且較可能避免被誤導而投資於不適合自己的商品。

　　金融機構銷售商品時，為了便於投資人理解，著重解釋賺與賠的情境，例如匯率到某一個水準商品即自動到期，投資人的損益將是多少等，類似的許多商品在設計時含有衍生性商品特性例如期貨、選擇權、交換契約等，一般人難以理解金融機構收取的費用是否合理，或者判斷投資風險的大小。

　　因此，投資於追蹤投資人**耳熟能詳的指數之報酬率的指數型基金，對投資人較有利**，因為費用低、減少研究商品所需花費的時間，而且投資人清楚知道所交易商品的特性，這些商品也比較容易被金融機構選擇成為可以定期定額投資的標的。如果選擇投資的是這種標的，剩下來需要做的功課就簡單許多了，只要比較不同通路投資的費用差別即可，如果跟著「八喜法則」長期投

資，費用差一點也許並不重要，能輕鬆方便地定期定額投資，及將配息再投資，反而可能比較重要。

有的金融機構可以協商手續費，投資前不妨協商看看。由於競爭的關係，金融機構允許定期定額的頻率愈來愈頻繁，甚至可以做到「天天扣」，而且最低投資門檻也愈來愈低。雖然較頻繁的定期定額投資對於投資價位的平穩性較好，但是每次投資金額太低，也可能造成手續費比率太高，你需要在兩者之間平衡考慮。

信用交易

信用交易的意思是借錢買股票或者借股票賣出，一般投資人可以經由金融機構（通常為券商）借錢買股票，稱為融資，或借股票賣出，稱為融券。由於以下的原因，信用交易不適合長期投資者，亦不適合一般投資人，除非你很擅於選股與擇時，請勿做信用交易。

融資

融資者認為股價會上漲，但是資金不夠，因此借錢投資。提供資金的券商為了保護自己，會要求融資者自

己也出一部分錢，稱為保證金，例如買股總價為 10 萬
元，保證金為 4 萬元，融資者向券商借的金額即為 6 萬
元。政府對於投資人必須出的最低保證金比率有規定，
保證金比率是保證金金額與買股總價的比例，本例為
40％，而融資成數即為 60％。

融資期限為半年，最多可延長到一年半，即必須還
錢給券商，因此不適合做為長期投資的工具，而且，融
資買來的股票由券商持有，做為擔保品，如果融資者運
氣不好，股價不漲反跌，跌到某種程度之後，券商擔
心融資者還不出錢，會要求融資者再多拿錢出來，券商
的這個動作稱為追繳保證金，如果融資者拿不出錢，券
商會將股票擔保品代融資者賣掉，這個動作實務上的說
法是「斷頭」，所得價款扣除欠券商的貸款和融資利息
後，剩餘的金額還給投資人。

融資是一種非常投機性的交易方式，股價跌到某種
程度後，投資人被迫賣股票，將因而無法繼續持有股
票，等到股價上漲後再賣出，因此，融資不適合做為買
進持有的投資方式。此外，融資的利率非常高，通常是
銀行定存利率的五、六倍以上，加上其他必須支付的手
續費與交易稅等，是種非常昂貴的交易方式。

融券

　　如果投資人預期股價下跌，但是手上沒有股票，可以向券商借股票賣出，這種操作稱為融券交易。借出證券的券商為了保護自己，會代借券者保管賣出股票的價金，同時要求借券者再多出一部分錢，稱為保證金。例如賣股總價為 10 萬元，保證金為 9 萬元，券商手上擁有借券者的資金總額為 19 萬元。政府對於投資人必須出的最低融券保證金成數有規定，融券保證金比率是保證金金額與賣股總價的比例，本例為 90%（9/10）。

　　融券期限為半年，最多可延長到一年半，到期必須還券給券商，也就是借券者必須到市場上買回原先融券賣出的股票還給券商，因此不適合做為長期投資的工具，而且，融券賣出的價金由券商持有，做為擔保品，如果融券者運氣不好，股價不跌反漲，漲到某種程度之後，券商擔心融券者沒有能力買回股票還券，會要求融券者再多拿錢出來，券商的這個動作稱為追繳保證金，如果融券者拿不出錢，券商將代融券者買回證券，這個動作實務上的說法是「斷頭」，券商手上擁有借券者的資金總額（本例為 19 萬元），扣除券商代買回股票的價金及借券費用後，剩餘的金額加上保證金利息還給投資人。

　　融券是一種非常投機性的交易方式，股價漲到某種
程度，投資人被迫買回股票後，將因而無法等到股價下
跌後再買回，因此，融券是一種純投機的投資方式，不
適合一般人。此外，融券者必須支付券商借券費用，雖
然費用因券商而異，但看似低，其實可能非常高。借券
費用的計算方式為：(註2)

$$借券費 = 成交價 \times 成交股數 \times 融券利率$$
$$= 100 \times 1000 \times 0.1\% = 100（元）$$

　　上例假設融券利率為 0.1％，由於融券者為投機
者，當股價上漲，可能不願繼續賭下去，如果融券的時
間短，將看似低的融券利率轉換年利率後，實際上是很
高的年利率。例如，如果融券者一個星期內回補證券，
實際的借券費率為 5.2％（0.1％ ×365÷7），如果只一
天就買回，借券費率為為 36.5％，非常驚人。
　　可是融券保證金的利息是以年利率計算的，如果利
率是 0.2％，融券者一個星期內回補證券，實際的利率
只有 0.0038％（0.2％ ÷365×7），如果只一天就買回，
就僅有 0.00055％，對融券者而言是非常少的收入。因
此，加上其他必須支付的手續費與交易稅等，融券交易
是種非常昂貴的交易方式。

　　做信用交易的投資人也可以輕易地在網路上做當日沖銷，即當天先買入再賣出，或先賣出再買入，造成交易極度頻繁，交易成本極高，如果不是專業投資人，應避免嘗試，但是實務上卻有不少年輕人初入股市時，初生之犢不畏虎，積極做信用交易與當沖，尤其是在股市特別熱絡的時候，例如 2022 年的台灣股市便是如此。

出借證券

　　除了向券商融券，中長期投資人也可以做相反方向的交易，經由券商將證券借給別人使用，增加收入，如果你用「八喜法則」投資流動性高的市場型 ETF，這是你應該做的事。法人經常需要向別的投資人借券，例如為了賣出、做借券生意、補自己的空頭部位、避險、設計金融商品等。借入者需要支付借券費用，主要係經過券商提供的網路系統由出借人及借券人雙方議價費率，並透過交易所借券平台撮合成交。

　　出借證券的收入可能是不錯的，證交所規定，借券利率的區間為年利率 0.1 ％～ 16 ％，以 0.1 ％為升降單位，出借人可以在券商提供的 APP 中設定出借利率，與別的出借人競爭，借給借券人，所設定的利率愈高愈難成功出借。交易時間為上午九點到下午三點半，僅限

出借上市櫃股票，最低門檻數量為「一張股票」，不能
出借零股。

　　每次股票出借最長期間為成交日起六個月，最多可
以展延兩次至 18 個月，不過出借人與借券人都可以沒
有違約金隨時中斷借約，借券利息收入的計算方式如
下：(註3)

　　利息收入 = 出借股數 × 平均每日收盤價
　　　　　　× 出借利率 × 出借日數 /365

　　如果借出 1 張股票半年，月均價為 100 元，出借利
率為 2%，利息收入為大約 1,000 元（1,000×100×2%
×180/365）。對一位定期定額配息再投資的長期投資
者而言，如果股價的平均成本為 80 元，半年的借券利
息報酬率為 1.25%。

　　但是出借人必須支付券商手續費及被扣繳的借券
利息所得稅，券商手續費不一，大致是 20%～ 30% 不
等，利息所得代扣稅率則是 10%，如果利息收入低於
20,000 元，則無扣繳所得稅。如果手續費率為 20%，
借券成本即是 200 元（1,000×20%），所以出借人拿
到的利息淨收入為 800 元。借券收入不需要繳納二代健
保補充保費，可是屬於「租賃所得」，需納入計算所得

稅，當借券收入大於 $20,000 時，券商會代扣 10% 所得稅。

借券對定期定額投資的中長期投資人特別有利，只要按人生理財規劃運作，幾乎沒有要臨時出售證券的機會，當按規劃需要拿回證券出售時，提出還券要求後三日即可拿到證券。而且可以繼續執行配息再投資，因為出借股票後，還可以領到股利。如果當初股票出借時，即使選擇除權息不召回，股利仍歸出借人所有，納入綜合所得稅計算，而如果借券人將股票賣出了，按規定出借人拿到的股利會變成證券交易所得，因目前證券交易所得稅是停徵的狀態，因此這筆股利反而不用繳稅。

但是如果想領股東會禮品或參加股東會，設定借券時可以選取「參加股東會提前還券」，本書不建議你這樣做，因為會中斷你的借券所得。

不要忘記「稅」

稅後所得才是實際所得。你也許聽過一句玩笑話：「中華民國萬萬稅！」投資前應該理解有關稅負。不同的交易標的可能有不同的稅負，例如有的保險可以用來做為遺贈規劃，投資個股比 ETF 的交易稅高，股（利）

息所得稅與利息所得稅的課徵方式不一樣，ETF 有配息，必須繳利息所得稅，但是開放型基金通常不配息，投資房地產有資本利得稅，但是股票及基金沒有等。稅制通常對長期投資者有利的多，第一個原因是長期投資可以節省很多交易稅及資本利得稅，第二個原因是稅制鼓勵長期投資，例如握有房地產的時間長，比短期交易的資本利得稅低。

　　每個市場的稅制不同，對外國投資者可能有不同的稅制，交易海外標的前宜充分了解稅制，例如台灣投資人投資美國的基金與股票，配息時會被扣繳 30％的利息所得稅，雖然美國股市課徵證所稅，外國人不必繳資本利得稅。

周教授說

　　交易活動是實現人生理財規劃的必要過程，了解交易相關的理論與實務，可以增加交易效率與減少風險。對散戶而言，如何減少交易相關費用與交易的價格風險，是非常重要的，投資人如果願意採取指數型定期定案投資，而且長期持有，交易費用會減少許多，也可規

避選股與擇時的風險，散戶要建立的是「等」的能力，
而非擇時與選股的能力。擇時與選股是專家才可能有的
能力，一般人缺乏培養這種能力的條件與環境。散戶不
是投資專家，遵循「八喜法則」，依據人生理財規劃及
資產配置調整的原則操作，是最不煩惱的投資方式，可
以讓投資人專心照顧人生其他的重要面向，擁有一個充
實、理想得以實踐的人生。下一堂我們談如何調整資產
配置。

註釋

註 1　https://www.twse.com.tw/zh/page/products/trading/
　　　information13.html

註 2　https://sparksparkfinance.com/investment/stock/
　　　securities-lending/

註 3　https://jerrywangtc.blog/security-lending/

第 **8** 堂課

• • •

「調整資產配置」，
讓財務充實平衡

　　當你做出一份人生理財規劃，也按目標報酬率及「八喜法則」做適當的資產配置，開始投資你選擇的投資標的後，我會建議大家運用「全人均衡系統」的「交易績效」及「資產庫存」功能記錄交易結果和累積的資產，建立良好的理財習慣。一段時間之後，當某個人生理財目標已達成，或發生某些突發狀況，需要動用大筆金錢時，這時就需要調整資產配置。

　　簡單說，**調整資產配置就是決定要變現投資組合中的哪些資產，變現金額為多少的過程**。調整資產配置的過程中，可能原先的人生理財規劃的主客觀條件改變了，或者對未來有新的想法，因此必須重新做人生理財規劃，再決定最適合的資產配置調整。

　　在調整資產配置前，除了要先盤點資產，最好也要有基本概念，大家可以參考**圖表 8-1**，對於在各種財富累積水準的情況下可能的資產配置調整策略，有全面性的理解。以下逐一介紹資產配置調整的概念，幫助大家思考如何調整資產配置。

調整資產配置常見的時間點與狀況

　　首先，請了解核心資產的價值是否超過當下的時間

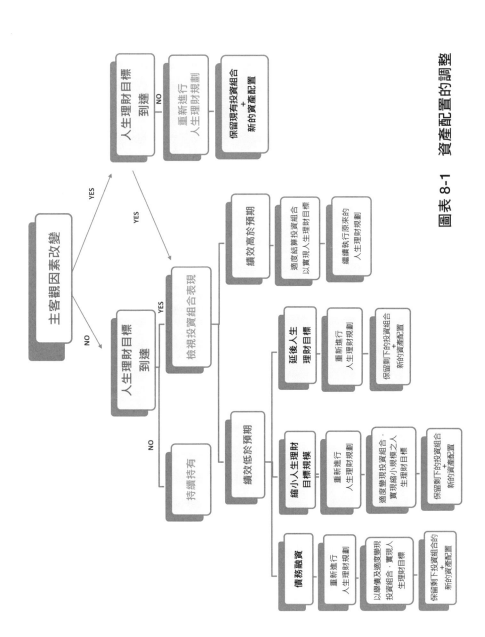

圖表 8-1　資產配置的調整

點你應該累積到的財富金額,即在人生理財規劃中,在這個時間點,你應該有的財富累積金額,據此做適當的資產配置調整決策。如何調整資產配置與下列三種情形有關:

1. **規劃人的主客觀條件是否已經改變?**例如收入增加了、子女人數增加了?

2. **是否某個人生理財目標時間點已經到達,必須準備現金以應付該目標支出?**例如小孩快念大學了、要退休了?你的資產配置調整方式將與財富累積金額是否符合人生理財規劃的預期有關。

3. **雖然沒有人生理財目標到期,是否有未預期的大額支出?**例如突然需要花大筆錢整修房子?

第 3 種情形的處理方式與第 2 種一樣,以下專注討論第 1 與第 2 兩種情形。請注意,如果只是累積的財富金額與預期不符,卻沒有將到期的人生理財目標,並不屬上述三種調整資產配置的情形之一,八喜投資原則強調長期投資與買進持有,為了增加短期投資績效而調整資產配置,是一種擇時的行為,一般人並不擅長,我不建議這樣做,你應該用八喜法則做風險管理。當規劃人需要用錢時,可參考以下的原則資產調整配置建議。

當主客觀條件改變，
人生理財目標沒有到達

　　當規劃人的主客觀條件改變，但是人生理財目標沒有到達，第一件要做的事情是修訂人生理財規劃，找到自己可以接受的新目標報酬率，然後以新的目標報酬率決定未來可儲蓄所得的資產配置。做新的人生理財規劃時，至今已累積的核心資產就是新的人生理財規劃的期初投資，我會建議你以買進持有的方式，繼續以原有的資產配置持有期初投資，這樣可以維持原先資產配置的長期投資原則，不會因主客觀環境改變而調整資產配置，同時可避免擇時、選股及無謂的交易成本。只有未來的可儲蓄所得的資產配置會受新的目標報酬率影響，當然，定期定額仍是你應優先考慮選擇的投資方式。

　　如果同時有人生理財目標快到期的情況，應輔以人生理財規劃的調整，先將已經累積的財富做資產配置調整，處理目標到期時所需的經費，再進行新的人生理財規劃相對應的新資產配置，接下來討論如何處理這種情況。

當主客觀條件改變，
同時有人生理財目標到達

　　當主客觀條件改變，同時有人生理財目標到達時，應該先處理快到期的人生理財目標支出，並輔以調整人生理財規劃，做資產配置調整的決策。記得在人生理財目標到期前一年，就先準備好目標所需花費的金額。首先，你必須了解已經累積的財富是否足夠做該人生理財目標支出。如果你使用「全人均衡系統」的「資產配置調整」區做評估，就會有訊息顯示核心資產累積的價值是否超過當下的時間點你應該累積到的財富金額（即在人生理財規劃中，在這個時間點，你應該有的財富累積金額），你可以根據財富累積狀況，決定資產配置調整方式。

當實際財富累積金額比原人生理財規劃
所預期的多

　　如果人生理財目標到期時，實際財富累積金額比原人生理財規劃所預期的多，即累積的財富金額比當初人生理財規劃所規劃的金額大（也就是你的投資的實際報酬率大於規劃的目標報酬率），這是比較容易處理的情

形。如果累積的財富金額比當初人生理財規劃所規劃的金額大，你只需要將所需要的目標金額變現即可，在本堂課下半部，我會介紹資產配置調整策略，在此先強調，比較適合你的是買進持有策略，即依照現在的投資組合中各種核心資產的權重將理財目標金額變現即可。例如你的投資組合價值是 100 元，包含甲、乙兩種核心資產，甲占總資產價值的 25%，乙占 75%，即甲與乙的金額各為 25 元及 75，如果目標金額為 40 元，只要變現甲 10（40×0.25）元，乙 30（40×0.75）元即可，甲和乙各剩下來 15 元及 45 元，占投資組合剩下價值的 25%（15/60）和 75%（45/60），與未變現前的投資組合權重一樣，這種簡單的做法就是買進持有策略，是最不需要花腦筋的策略。

在尚未做變現的動作以前，你應該先思考是否要以衛星資產的一部分支付理財目標金額，原則上，因為核心資產是為了達成人生理財規劃目標所做的投資，比衛星資產重要很多，因此如果市況允許，而且衛星資產的變現價格是可以接受的，本系統建議優先選擇一些衛星資產處分，支付理財目標所需，剩下的再以上述買進持有方式變現一些核心資產。

而且，最好以現在的主客觀情況重新檢視你的人生理財規劃，考慮變現部分或全部的衛星資產、這次計畫

要支出的人生理財目標金額、主客觀條件的改變等，為變現後的未來做一個新的人生理財規劃。請注意，因為這次調整資產配置的目的是要執行一個在原先人生理財規劃中的單一人生理財目標，現在重新規劃時，應假設已執行完變現的動作，將舊目標從新的規劃中移除，才能獲得較為準確的核心資產價值。

實際財富累積金額比原人生理財規劃所預期的少

如果目標到期時，實際財富累積金額比原人生理財規劃所預期的少，即累積的財富金額比當初人生理財規劃所規劃的金額小（也就是你的投資的實際報酬率小於規劃的目標報酬率），這是比較需要傷腦筋的情形。基本上，你有三個選項，**第一個選項是等一陣子**，等到市況變好時，實際財富累積金額比原人生理財規劃所預期的多時，再執行人生理財目標的支出；**第二個選項是減少目標的支出規模**，使得支出後剩下的累積財富與原規劃所規劃的剩下金額相當；**第三個選項是以舉債支應不夠支出人生理財目標的金額。**

在決定採用哪一個選項之前，請先考慮變現部分或全部的衛星資產，協助你盡量達成人生理財目標，同時

重新做人生理財規劃，幫助你決定哪一個選項比較適合你。

如果能延遲執行目標，第一個選項是最好的，因為市場本來就會上下波動，有時報酬率高於平均報酬率，有時低於，雖然現在比較低，等一段時間後，將來會有比較高的時候。但是要等多久財富累積金額才會回到預期水準，具有不確定性，因此這種能等的目標最好是不執行也影響不大的目標，例如買車、幾年一次的大額旅遊支出等。不過如果你已經奉行全人均衡理財，採行的是八喜法則，應該已有「等」的能力，因為你有生活金、良好的健康習慣、努力工作、所得足夠生活花費、分散風險、被動投資等。做資產配置調整決策時，應該將自己的「等」的能力納入考量。

如果不能延遲執行理財目標，例如一定要有上班的交通工具，即必須考慮第二或第三個選項了。雖然不能延遲執行理財目標，但是如果能夠縮小理財目標規模，第二個選項比較理想。例如因為工作需要必須買車，如果買一部較便宜的車也能符合工作所需，會是一個好決定。假設買車的時間到了，本來的目標是買一部 200 萬的車子，但是累積的財富金額是 500 萬，比當初人生理財規劃的金額 600 萬少了 100 萬，依照當初的規劃，買了 200 萬的車子之後，將剩下 400 萬，做為在未來繼續

累積財富，支應其他的人生理財目標（例如退休準備）之用。如果實際累積的財富金額少了 100 萬，還是買了 200 萬的車子，投資組合的價值將只剩 300 萬，偏離了原來的人生理財規劃，可能不夠為未來的人生理財目標繼續累積足夠的財富。

　　尤有甚者，歷史上，整體市場的長期投資報酬率有回復平均的現象，只要「等」的時間夠長，將來報酬率很可能會回歸預期，如果為了完全滿足人生理財目標，現在變現 200 萬，等於不計損失賣掉投資，認賠殺出，放棄了等一陣子之後，報酬率回到較高的水準時，可以收復投資損失的機會，因此縮小人生理財目標規模會是一個比維持規模好的選擇。

　　配合縮小人生理財目標規模需要做新的人生理財規劃，請假設投資組合變現完剩下的核心資產金額將繼續以原先的資產配置投資，成為新規劃中的期初投資，未來的可儲蓄所得以新的目標報酬率重新做資產配置。在新的規劃中，可以考慮調整未來的消費水準、目標支出、目標時點等。

　　如果無法縮小目標規模，例如小孩出國念書一定要花一筆錢，這時即必須考慮以舉債協助支應目標。假設小孩出國念書的時間到了，本來的目標是給小孩 400 萬，但是累積的財富金額是 800 萬，比當初人生理財規

劃的金額 1,000 萬少了 200 萬，依照當初的規劃，給小孩 400 萬之後，將剩下 600 萬，做為未來繼續累積財富，支應其他的人生理財目標之用。如果實際累積的財富金額少了 200 萬，但還是要給小孩 400 萬，投資組合的價值將只剩 400 萬，可能不夠為未來的人生理財目標累積足夠的財富。

尤有甚者，因為投資組合實際的報酬率低於當初規劃的報酬率，現在變現 400 萬等於認賠賣出，放棄了等一陣子之後，報酬率回到較高的水準時，可以收復投資損失的機會，但是又不能少給小孩出國經費，這種情況下，可以考慮變現 200 萬，同時借 200 萬教育貸款，因應小孩出國所需的經費。

再次提醒您，做決定前最好先再做一次人生理財規劃，同時應把小孩出國念書的目標在新計畫中移除，而且新規劃的「期初投資」就是支應了小孩出國念書的目標金額後，剩下的核心資產價值。

如前所述，變現投資組合時最簡單的資產配置調整策略是買進持有策略，不過，理論及實務上有別的資產配置調整策略可以選擇，接下來我介紹資產配置調整的概念，幫助你調整資產配置，同時說明買進持有策略還是較適合一般人的原因。

資產配置調整的概念

　　資產配置的調整可分為兩種層次，政策性資產配置（policy asset allocation）與戰術性資產配置（tactical asset allocation）。政策性資產配置是為了達成人生理財規劃目標的資產配置，即將未來每一期的可儲蓄所得按照規劃的資產配置比例投資於不同標的中，而這個比例會一直維持到有一個新的人生理財規劃為止。戰術性資產配置是隨市況調整資產配置，例如預期股市漲則配置於股市多一些，預期股市跌則配置於股市少一些，戰術性資產配置就是一種「擇時」投資策略，一般人不宜採用。常見的資產配置調整策略如下。

買進持有策略

　　如果長期以政策性資產配置比例投資，隨時間累積的投資組合的實際資產配置一定會偏離原來的資產配置比例，原因是投資標的之市場價格隨時間變動。例如甲、乙標的之原本價格為 10 元及 30 元，原本的政策性資產配置比例是將 40 元資金分配 10 元於甲，30 元於乙，即 25％於甲，75％於乙的資產配置，如果後來甲的價格漲到 30 元，投資組合的實際價值升到了 60 元，

資產配置就變成了 50％於甲（30÷60=50％），50％於乙，偏離了政策性資產配置比例。

如果要將實際的資產配置比例調整回到政策性資產配置比例，你必須只有投資15元於甲（15÷60=25％），即必須賣掉甲 15 元，這是一種以下會說明的反向操作策略，問題是投資人很難判斷價格趨勢，而且市場價格一直變動，如果調整頻率高，交易成本會水漲船高，因此本系統建議你考慮買進持有策略，就是持續按政策性資產配置比例投資未來的可儲蓄所得，但是不調整隨時間累積的實際投資組合的資產配置，這個策略的好處是交易成本低，而且不會因本例中甲的價格持續上漲而損失，當然，也有可能因沒有調整回政策性資產配置比例而損失，譬如，如果甲的價格開始一直跌就會有損失。

買進持有策略還有一個好處，很多人受到媒體消息的影響做投資決策，例如有好消息會買進，有壞消息會賣出，可是消息出現於媒體前，有些人早就知道這個消息而交易了，這種資訊獲得的時間差是散戶的最大劣勢，就算與其他人同時獲得資訊，散戶的專業不足會導致對資訊判斷的錯誤，例如有一個好消息是公司新產品開發成功，可是散戶很難判斷對公司影響的大小。由於散戶的資訊管道有限，可能因此做出錯誤的投資決策，這種情形的學術研究結果稱為「現成偏誤（availability bias）」。

　　投資人也是健忘的，受最近發生的訊息影響最多，這種情形叫做「近因偏誤（recency bias）」，人們常因新消息隨波逐流。如果投資人採取買進持有策略，就不會受這些心理偏誤影響。市場大跌時，投資人因為恐慌，很容易受到「現成偏誤」及「近因偏誤」的影響，尤有甚者，投資人可能會過度放大一個機率發生很低的風險而過度反應，例如天然災害與戰爭等，這種偏誤稱為「小機率偏誤（small probability bias）」，買進持有策略可避免這種過度反應的機會。

　　投資人也可能會「過度自信（over-confidence）」，覺得自己比別人更了解趨勢，例如在股市大跌時，認為必定會繼續跌，而賣掉股票；也可能在股市跌時惜售，而愈賠愈多，或者漲時出脫持股太早而少賺了，這種心理特徵就是前面提到過的「處分效應（disposition effect）」。如果你使用全人均衡系統，執行「八喜法則」，受到各種心理偏誤影響的機會將大幅降低。

　　當為了滿足人生目標支出而調整策略時，採買新的資產配置後，不論投資組合最新的資產配置比例為何，變現完拿到必須支出的人生目標金額後，新的資產配置比例應與現在的資產配置比例一樣，例如投資組合現在的資產配置比例為 50％甲，50％乙，變現完必須支出

的人生目標金額後，資產配置的比例會維持 50％甲，50％乙。全人均衡系統會依據你的資產庫存及選擇的資產配置比例計算出每一投資標的應該賣出的金額。

反向操作策略

當然，買進持有策略也有缺點，例如上例所示，如果甲的價格開始跌，買進持有策略的績效就會比反向操作策略差。反向操作策略是，當投資標的占投資組合之比例高於政策性資產配置的比例時賣出，以降低比例；當投資標的占投資組合之比例低於政策性資產配置的比例時買入，以提高比例。

一般投資人最常做的是在股市與債市（存款也算是債市投資標的的一種）間做資產配置，簡言之，反向操作策略是當股市漲時，調整投資組合，減少股票持股比率，增加債市投資比例，當股市跌時，增加投資股市比率，減少債市投資比例。當股市是長期空頭或者是長期多頭時，反向操作策略不利，但是當股市是居於盤整期，上下震盪時（例如是箱型整理時）則有利。

當為了滿足人生理財目標支出而採反向操作的資產配置調整策略時，股價漲時必須賣更高比例的股票，所以交易成本會比買進持有高，同時必須考慮的是反向操

作的幅度，一個簡化的方法是以機械性的法則處理，即不論投資組合現在的資產配置比例為何，變現完拿到必須支出的人生目標金額後，新的資產配置比例會回到原來人生理財規劃的資產配置比例，例如原來規劃的資產配置是 60％甲，40％乙，而投資組合現在的資產配置比例為 50％甲，50％乙，變現完必須支出的理財目標金額後，資產配置的比例回到 60％甲，40％乙。

正回饋交易策略

正回饋交易策略是，當股市漲時，調整投資組合，增加股票持股比率，減少債市投資比例，當股市跌時，減少投資股市比率，增加債市投資比例，因此又稱為追漲殺跌策略。

當股市是長期空頭或者是長期多頭時，正回饋交易策略有利，但是當股市是居於盤整期，上下震盪時（例如是箱型整理時）則不利。

所以正回饋交易策略適合大多頭或大空頭時，但是如果遇到股市突然大反轉，則非常不利。例如股市跌跌不休時一直賣股票，突然大漲時，手上就沒有股票可以獲利。

當為了滿足人生理財目標支出，而採正回饋交易的

資產配置調整策略時，股價跌時必須賣更高比例的股票，所以交易成本會比買進持有高，這時必須考慮的是正回饋交易策略的幅度，簡化的方法也是以機械性的法則處理，即不論投資組合現在的資產配置比例為何，變現完拿到必須支出的人生理財目標金額後，新的資產配置調比例會比原來理財計畫的資產配置比例的改變幅度更極端，例如原來理財計畫的資產配置是 60％甲，40％乙，而投資組合現在的資產配置比例為 70％甲，30％乙，變現完必須支出的理財目標金額後，資產配置的比例變成 80％甲，20％乙。

無論反向或正向操作，若你使用「全人均衡系統」，它都會依據你的資產庫存及你選擇的資產配置比例，計算出每一投資標的應該賣出的金額。

反向操作策略在股市上下震盪盤整時有利，正回饋交易策略在長期多頭或空頭時有利，買進持有策略屬於正回饋交易策略與反向交易策略間的中庸策略，較適合一般人，因為簡單、節省時間、成本低、適合長期投資，符合我再三建議的「八喜法則」。

實證研究顯示，與其他兩種策略比較，由於交易成本及資產配置調整法則的不精確性，買進持有策略經常表現得比較好。

在風險管理與目標支出之間找到平衡

　　處理完眼前的理財目標後，未來若有目標到期時，資產配置調整的方法基本上是一樣的，你可以採用同樣的邏輯，利用資產配置調整功能執行到期的人生目標。即使沒有人生目標到期，但是必須有大筆支出，也可以採用同樣的邏輯進行資產配置的調整，不過仍需重新做人生理財規劃，未來會有哪些目標，要由當時的主客觀條件與想法決定。

　　由於金融市場的波動為常態，每當有人生理財目標到期時，你面臨的風險是累積的財富低於原先規劃所預期的金額，因此必須作適當的風險管理。最適合一般投資人的風險管理方法是奉行八喜法則，也就是培養「等」的能力。你也許聽說過，衍生性金融商品如期貨與選擇權等，可作為投資風險管理的工具，[註1] 但是這些商品不適合做為避免投資績效不彰的風險管理工具，因為它們的到期日短，而人生理財規劃的投資是長期的。

　　雖然理論上當人生理財目標時間點即將來到之前，可以用期貨或選擇權等，規避資產價格下跌的風險，但是一般人不熟悉衍生性商品的交易，偶而為之容易出錯，而且必須負擔交易成本。所以我會建議，當人生理財目標時點將到達時，如果投資績效符合原先規劃的預

期，為了擔心市場會反轉，不利於執行目標金額，可考慮先調整資產配置，將所需的人生理財目標支出變現，讓剩下的核心資產按原先的規劃繼續投資。但是如果人生理財目標時點將到達時，投資績效不符合原先規劃的預期，則以上述本堂課介紹的方法處理。

原則上，人生理財目標愈重要（愈不能延後或縮減），以定存達成目標的金額應愈高，但是會造成目標報酬率必須提高，才能達到人生理財目標金額；或者，資產配置在風險性資產的比例應愈低，但是機會成本是目標報酬率會變低，降低以後的人生理財目標支出（例如買房的頭期款會變少）。所以做人生理財規劃時應平衡風險管理與目標支出水準，如果能把重要目標延後，同時依自己的狀況及風險偏好適度提高目標報酬率，是值得思考的方向，但是目標報酬率不能高於整體股市能提供的平均報酬率。執行人生理財規劃後，如果投資組合績效超出預期，則再做新的規劃，把重要目標提前執行。基本上，只要依照「全人均衡理財」及八喜法則的邏輯走，事業與所得應會與時俱進，降低人生理財目標無法達成的機率。

最後，隨著退休時間的接近，低風險資產少的人應該開始考慮降低投資組合風險性資產的比例。但是年紀輕，低風險資產金額相對多的人，可以考慮在自己可

接受的風險範圍內，規劃較高的目標報酬率，因為有「等」的本錢。

周教授說

　　理財顧問或投資專家喜歡建議散戶從事戰術性資產配置，例如「停利」是多頭時的反向交易策略，「停損」與「現金就是王」是市場空頭時的正回饋交易策略，這些策略會造成將來必須選擇好時機再投資，而必須選股或擇時，也從而負擔許多交易成本。投資人應當依據人生理財規劃長期投資，只有在主客觀情況改變或人生理財目標到達前才調整資產配置。投資人必須掌握的原則是，規劃人生**理財才是投資的主體，資產配置是為了達成人生理財目標的配套措施**，避免想以戰術性資產配置調整增加報酬！

註釋

註 1　例如「掩護性買權（Covered Call）」，即賣出標的資產是自己持有之股票的買權，以賺取權利金，如果將來該買權被執行，就把手上的股票交割給對方，如果買權未被執行，所收到的權利金將增加投資組合的績效。

附錄

「全人均衡系統」
使用說明

　　也許很多人會抱持著「隨遇而安」的心情過日子，但那可能更適合用在待人接物方面，對待一生的事業和經濟大事，我會建議還是要以理性的態度來面對，才會比較務實。

　　相信經過前面人生理財 8 堂課的洗禮後，讀者都能清楚了解：人必須靠理財獲致平衡充實的幸福人生，但是要找到適合自己的理財方式，必須依賴人生理財規劃，讓我們「預見」未來，以全人的視野找到人生的路徑。而且按部就班往想要的人生邁進，持之以恆後，你會在人生道路上發現許多驚喜，甚至比原來想像的規劃更好，那時你可以再按當時的狀況繼續規劃更滿意的未來。

　　由於每個人的人生都是獨一無二的，需要考慮的人生面向相當多元、複雜，不是可以套用幾個公式、簡單填幾個數字的系統，就能幫你規劃出來的。「全人均衡系統」是多年的研發成果，結合我個人數十年對人生理財規劃和風險管理的專業，和最新的數位科技，可以幫助一般人模擬多元人生面向會遇到的狀況，並在各種人生理財取捨中做出正確有效率的決定。

　　在以下附錄中，我將會逐一介紹「全人均衡系統」的功能和使用重點，經由使用該系統，可以為你量身定做專屬於你、便於實踐的人生理財規劃方案。搭配全人均衡理財的觀念，你會發覺「全人均衡系統」是一套可以幫助你從坐而言，快速進入「起而行」階段的好工具。

　　因「全人均衡系統」的研發成本相當大，我會呼籲有人生理財規劃需求的讀者不妨花一點小錢，支持這個可以對你一生造成大改變的網站，你可以掃描下方的 QRcode 或輸入網址 http:// bahiweb.linker.tw/，造訪「全人均衡系統」網站。在推廣期間，系統特別提供前 500 位使用者，支付 100 元就可使用系統一個月，或者也可以 67 折的優惠，支付 200 元使用系統三個月，之後可視個人需求逐月續訂，輕鬆讓這個忠實可靠的線上理財規劃專員，為你打造個人專屬的人生理財規劃。

「全人均衡系統」網站
（本書價格不含系統使用費）

　　由於「全人均衡系統」是多面向考量並結合實踐人生理想和財務規劃的系統，它並不是一個得來速式的系統，也不是個股分析的網站，對你而言，這世界可能沒有一件事比找到一個可行的人生理財規劃更重要了，因此在一開始，你必須花一點時間學習「全人均衡系統」，一旦你從中了解到自己的決策會如何影響一生的系統邏輯後，你將感到如魚得水，優游在「全人均衡系統」中。先預祝大家都能如願收穫理想的人生。

認識「全人均衡理財」循環

　　實際進入系統之前，我先介紹它的大架構，由於人生的理財需求和規劃，經常會隨著主客觀條件的異動而產生變化，因此理財規劃的行為也不會只有一次，透過下方的「全人均衡理財」循環圖，大家可以看到人生理財規劃的五大步驟：

「全人均衡理財」循環圖

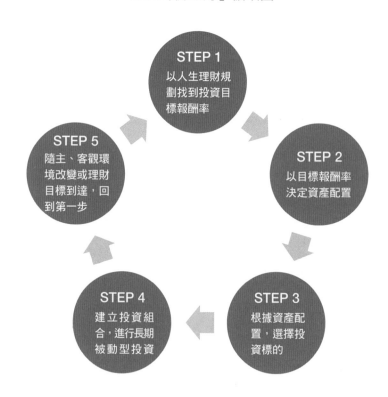

STEP 1
以人生理財規劃找到投資目標報酬率

STEP 2
以目標報酬率決定資產配置

STEP 3
根據資產配置，選擇投資標的

STEP 4
建立投資組合，進行長期被動型投資

STEP 5
隨主、客觀環境改變或理財目標到達，回到第一步

這五個步驟的目標與內涵細說如下：

第一步：以人生理財規劃找到為了達成人生理財目
　　　　標所需要的投資目標報酬率。

第二步：以目標報酬率決定資產配置，即將未來的
　　　　可儲蓄所得分配於不同類型的資產，達到
　　　　目標報酬率。

第三步：以設定的資產配置做證券選擇，就是按照
　　　　資產配置選擇投資標的，本書已說明市場
　　　　型的指數型投資標的較適合投資人，如果
　　　　你選擇這樣做，第二與第三步基本上就是
　　　　同時進行了。

第四步：執行（交易）證券選擇的決定，形成投資
　　　　組合，長期被動型投資，避免因短期績效
　　　　調整投資組合。

第五步：隨著主、客觀情況改變，或者理財目標到
　　　　達前，回到第一步，調整人生理財規劃，
　　　　於找到新的目標報酬率後，再進入第二
　　　　步，如此循環下去。

　　實際要執行的細目，則如下面的「全人均衡理財」執
行表。掌握這人生的理財規劃的五大心法，有耐心的去實

踐，就可循序漸進，快樂的進入「全人均衡系統」的新天
地。

「全人均衡理財」執行表

全人均衡理財執行細項	
1 人生理財規劃 　設定人生理財目標 　決定目標報酬率	・評估主觀及目標風險 ・評估個人及環境的限制條件 ・評估財富表、儲蓄能量表
2 資產配置	・依目標報酬率及風險偏好將投資分配 　於不同類型資產
3 證券選擇	・選擇投資標的，落實資產配置
4 資產配置管理	・執行（買進、賣出交易）證券選擇的 　結果，長期被動型投資 ・避免使用衍生性商品做短期風險管理 ・避免因短期投資績效調整投資組合
5 隨者主、客觀因素改變或人生理財目標到達，調整人生理財 　規劃並調整資產配置	

找到為自己量身打造的
投資目標報酬率

在規劃平衡充實的人生時，「全人均衡系統」會幫你
整合所有的金錢資源，思考不同的人生目標與面向之間的

抵換關係，避免心理帳戶對人生規劃的影響，同時也利用心理帳戶的概念，幫你做風險管理 —— 像是你應該存了足夠的生活金之後，再開始投資。

人生理財規劃是投資的首要步驟，在此一階段的首要目的，是找到一個自己可以接受的投資報酬率，也就是一個合理的、自己可以接受而且做得到的報酬率。在規劃過程中，你將會需要同時思考資產與負債狀況、所得與支出情形，還有個人主觀情況（年齡、健康狀況、工作、需要扶養的人數等）與客觀環境的限制條件（包含退休金、社會保險、醫療系統、居住地點等），以及想要達到的重要人生支出目標、投資風險、自己願意接受的風險等。這些因素會在使用「全人均衡系統」時自然被你列入規劃的考量因素中，例如想要有的投資報酬率會反映你願意接受的風險程度。

認識七大功能區，選擇規劃

進入「全人均衡系統」之後的第一個畫面，有七個地方你需要知道。

第一個是在左上角藍色區域的**「計時器」**，如果你有連續 30 分鐘沒有做要系統運算的動作，系統會主動幫你登出系統，在系統閒置超過 20 分鐘以後，系統會提醒你快被登出系統了，如果你點選「延續」，系統會重新從 30

分鐘開始計時。

第二個是在藍色區域中間靠右的**「理財規劃管理」**，你點選之後會進入理財規劃管理區，該區是你做人生理財規劃的地方，也是進入「全人均衡系統」之後的預設區域。第三個是在「理財規劃管理」右邊的**「輔助工具」**，該區有許多有用的工具，有的為獨立的，與「理財規劃管理」不連通，例如「日常支出記帳簿」及「年金現值」與「年金終值」等計算工具；也有與「理財規劃管理」連通的工具，例如「資產幣別」等，你可以在「資產幣別」區內增加或刪除資產庫存的幣別，連通到「資產庫存」中使用。

第四個是在「輔助工具」右邊的**「參考案例」**，點選進去可瀏覽系統預先擬定好的參考案例，點選接近你的狀況的案例後，系統會將它輸入到你的帳戶中，形成一個新規劃，你可以依據自己的情形修改規劃內容。我建議你考慮這樣做，不僅可幫助了解規劃流程，也將節省規劃時間。第五個是在「參考案例」右邊的**「使用說明」**，你可以點選進去瀏覽本系統的使用說明。

第六個是在螢幕上方的**「黃色區域－重要訊息」**，幾乎在本系統的每一頁面都會有類似的黃色區域，功能在於幫助你了解這一頁面之目的與重要訊息，如果為第一次使用本系統，請仔細閱讀黃色區域的文字。

第七個你應該知道的地方是三個**「規劃區」**：「美滿

生區」「歡喜人生區」和「享受人生區」。「歡喜人生區」
與「享受人生區」主要針對準備退休及已退休的人士而設
計，我以「美滿人生區」為大家做說明，請大家直接點入
「美滿人生區」即可。其他兩區的操作類似，也更簡單。

認識七大功能區

進入「美滿人生區」後，請先新增一個人生理財規劃，系統設定最多可以做三個規劃，你可以增加或刪除規劃，只要不超過三個即可。當你結束或離開一個規劃後，你會看到這三個規劃區的下方出現你已經創造的規劃的訊息。

建立基本資料

新增人生規劃後請先命名，每個人生規劃的名稱必須不同，請填入你的名稱（本系統建議用匿名）、年齡（必須為真實年齡，這是人生規劃的關鍵數字），你也可以將納入你的人生規劃的人（例如需要扶養的對象）的資料填入，即可開始人生規劃。

填寫基本資料

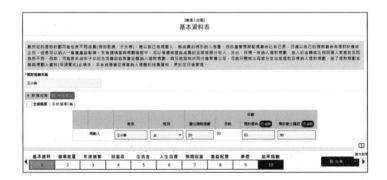

在做規劃時，要有「單位」的概念，納入規劃單位的成員，其收入與支出會合併在該項人生規劃中。規劃「單位」因人而異，如果你是單身，當然就是自己；也可以是夫妻；已婚者也可以自己為規劃單位，但是納入與配偶間的財務共識，例如將配偶的所得的全部或一部分納入收入。

如果已婚，我會建議以夫妻為規劃單位，這對家庭財務有經濟規模上的好處，可增加財務運用效率，同時讓夫妻間財務透明，幫助彼此溝通、齊心協力發展家庭，對夫妻感情及家庭幸福很有幫助。不過，每一個人的情況是獨特的，請視自己的情形決定規劃單位。

請注意，如果你有事暫時無法繼續規劃，請先點選螢幕右下方的「存檔」，這是使用本系統的一個好習慣，以免資料流失。

填寫儲蓄能量表

在頁面下方有「規劃步驟條」，請按順序點選規劃，因為系統各步驟的計算具相依性，你必須依序規劃，不能往後跳躍式進行規劃，已經規劃過的步驟，在「規劃步驟條」中以藍色顯示，你可以點選任何藍色的步驟，但是必須依序走白色（尚未規劃過）的步驟。你可以在螢幕右下方點選「檢視資料」，檢視在各規劃步驟中已填寫的資

料，幫助回顧已經做的規劃及結果，這是一個很方便的功能，你不需要用「規劃步驟條」查看已經規劃過的過程，一但點選「規劃步驟條」中的任一藍色步驟，系統即認為你要重新規劃，可能會影響你後面已經規劃過的步驟，例如你必須重新計算「預期財富」步驟中的結果。

接下來，你需要填寫的是「儲蓄能量表」，這個表協助估計未來每一年可以儲蓄的金額。先強調一個觀念，人生理財規劃的目的是為將來想要的人生規劃一個路徑圖，就像去旅遊前做的行程規劃，當然是愈仔細愈好，可是不可能對旅遊當中會碰到的所有狀況有完全的掌握，人生理財規劃也類似，我們盡量將所知道的資訊，及想要的未來規劃進去，但是完全不需要精細到完美的程度。

「全人均衡系統」的規劃時間單位為「年」，你可以先填入過去一年的收入、所得稅、支出做為規劃的開始，系統預設的幣別以新台幣（元）為單位，如果你不確定自己的收入來源，可以利用「收入項目管理工具」彙整收入來源。

請將每年依法律規定必須繳交的費用，例如健保費、勞保費、汽車燃料稅等納入年支出中，由於每一個人或家庭的支出與收入項目多元，你可以使用「支出項目管理工具」彙整年總支出；如果你想知道自己的支出習慣，甚至控制支出，請利用「輔助工具」中的「日常生活支出記帳簿」記錄並且分析日常支出。

填寫儲蓄能量表

[樂活人生活]
儲蓄能量表

儲蓄能量表協助您估計未來每年中可可儲蓄所得，請以現況估計未來一年的經常性收入與支出、所得稅、資產變遷、保險費用等資料，因為未來的所得與支出會改變，您可以依計未來的可支配所得成長率及逐年支出成長率，也可以在下一階段的儲蓄能量年度表中更改每一年的可支配所得、逐年支出，及每年可望儲蓄所得，隨然數字會被精確追蹤，請勿執著於數字的完美錯續性。

本系統亦提供輔助工具「收入項目管理工具」及「支出項目管理工具」協助您填寫收支細項，反應您的生活型態，您可以用缺乏彙整的錢金額導入儲蓄能量表中；您也可以利用輔助工具「日常生活支出記帳表」，讓這記錄成了了解及掌握到自己及家庭成員的支出項目與彙續。

關於一次性或極度不穩定的收入或支出，請勿納入年收入或年支出的金額中，例如賣書的一次性稿費，或者不穩定的資本利得或損失等，如果預期來來偶而會有類似收入，請在儲蓄能量年度表中缐年度的相關欄位中納入模型。

如果您有進行中的高額短期支出(例如：慣學出國專班的學習費)，請勿列在儲蓄能量表中，儘量以財富表中的資產減少反映這項支出，如果規劃未來有類似支出，可在財富表中以「為達財目標保留」的方式反映，或者納入人生計劃表中設為一個理財目標。

規劃入目前年齡	30		
屬未規劃人屬處的的儲蓄能量	31		
*總年收入(元)	610,000	☑收入項目管理工具	
*減：所得稅(元) ⊕說明	0		
年可支配所得(元)	610,000	☑可支配所得成長管理工具 ⊕說明	
*減：年總支出 ⊕說明	0	☑支出項目管理工具	☑支出成長管理工具 ⊕說明

操作說明

基本資料	儲蓄能量	年度儲蓄	財富表	生活金	人生目標	預期財富	資產配置	夢想	結果用劃	
1	2	3	4	5	6	7	8	9	10	各台檔

　　請注意，「收入項目管理工具」與「支出項目管理工具」中有的項目是以月為單位填寫，系統會為你轉換為年化數字。填完數字後點選「確認送出」，儲蓄能量表中的總年收入及總年支出即會被取代，如果點選「關閉視窗，返回儲蓄能量表」，儲蓄能量表中的總年收入及總年支出數字即不會被取代。

　　在「全人均衡系統」中，**填寫的數字都應避免重複，一筆錢若在某個地方出現後，就不能在另一個地方填入。**例如在系統中你會需要作退休金準備規劃，如果你有一個年金型保險，已經將未來可以領的年金填寫於「儲蓄能量表」中的「非法定保險商品管理工具」中，就不要在以後的規劃步驟「人生目標」中的「退休金試算」工具中的「退休後年收入」項目中重複填寫。又例如在「人生目

標」中已經規劃以後要貸款買房子，系統會因此已納入了以後償還貸款的支出，就要避免在「儲蓄能量表」的「支出成長管理工具」中包含貸款期間需要多支出的情形。這個觀念很重要，請謹記！

　　再來，你可以根據未來的展望，填入可支配所得在未來不同期間的成長率，及支出在未來不同期間的成長率，你也可以更有彈性地在下一個表「儲蓄能量年度表」中調整根據成長率已經估計出的數字。

　　因為將來是不確定的，請勿執著於數字的精確性，只要盡量做合理的估計即可，如果將來發現實際發生的情形與當初的規劃有出入，再調整原來的規劃即可。其實，你將來會很自然地經常更新人生理財規劃，反應最新的主客觀條件的改變（例如加薪了）。

　　「可支配所得成長管理工具」與「支出成長管理工具」是很有用的規劃工具，可以幫助你評估未來收入與支出改變的狀況。例如現在尚未生育，但是規劃三年後生小孩，即可以利用「支出成長管理工具」，讓支出在三年後增加某一個百分比；又例如五年後想要念在職專班，可以利用「支出成長管理工具」估計那時支出需要成長的幅度，也可以利用「可支配所得成長管理工具」估計畢業後所得提升的幅度。

　　本系統的規劃時間單位為一年，同時假設「基本資料表」中的目前年齡為這個年齡的剛開始，例如目前年齡為

30 歲，表示你剛進入 30 歲，過了一年以後進入 31 歲，所以在「儲蓄能量表」中填寫的收入支出等資料所涵蓋的第一年是 30 歲這一年，如果你計畫從 31 歲開始所得將增加 5％，開始年齡請填 31，如果這個所得增加僅會發生在 31 歲那一年，結束年齡也請填 31，但是如果這個所得增加將延續到 33 歲那一年，結束年齡請填 33。

你可以在「支出成長管理工具」中填負成長率，假設你現在有車，但預估 60 歲時將不再擁有車，你可以利用「支出成長管理工具」在 60 歲時的那一年，給一個負成長率，開始年齡與結束年齡一樣，反映支出的減少，一個預估該負成長率的可能方式，是估計現在車子相關的費用占總支出的百分比，用此百分比做為該年的負成長率。例如，如果現在車子相關的費用占總支出的百分比為 2％，那麼該年的負成長率可以設定為 -2％。請了解，這只是一個粗略的估計方式，不需求精確，將來實際的負成長率可能會受到許多其他因素的影響，例如通膨、生活方式變化等。

如果你有非法定保險費支出，即並非法規要求（法規要求的例如健保費已包含在年之出中或「支出項目管理工具」），而是自己買的保險商品，請利用「非法定保險商品管理工具」記錄你擁有的保單資訊，系統會依你填寫的資料將未來與該保險相關的收入與支出納入人生理財規劃中。雖然本系統已盡量把常見的保險商品分類，如果你找

不到適合的類別填寫，可選擇不分類人身保險，填入相關資訊。

如果你的保單不屬於儲蓄型、年金型或投資型，是純為保險目的買的，例如壽險，請只填寫每年需繳的保費，將來萬一出險會理賠的金額不能計入為保單收入中；如果你的保單屬於儲蓄型、年金型或投資型保單，除填寫每年需繳的保費，亦請按保單約定，將未來會回收的到期儲蓄、年金金額或投資按年填寫。

如果你規劃將來買保險，可以用下列方式填寫資料。例如現在 27 歲，規劃三年後結婚會買定期壽險至 60 歲，請在「預計支付保費至年齡（歲）」欄位中填 60，再進入年度表中，將 30 歲前的「年繳保險費（元）」欄位中的數字改為零。

如果你有遺贈規劃，如果是以保險規劃的方式為之，請在「非法定保險商品管理工具」中填寫保費支出，你也可以在以後會介紹的「人生目標表中」，在預估將蒙主寵召的年度中以人生理財目標的方式處理，當然你需要考慮相關的賦稅問題以作適當的決定。

如果在規劃時已經有貸款須清償，請使用「貸款管理工具」記錄貸款資訊，系統提供五種貸款還款方式供選擇，最常見的是「本息平均攤還」的貸款；如果你的貸款並非「貸款管理工具」中的任一種，可進入「其他債務管理工具」填寫，系統會將所填的資料轉入「儲蓄能量表」

中的「年其他債務清償額」欄位中。

有的貸款有寬限期，貸款後的一段時間內需要付利息，之後才需要償還本金，例如你有學生貸款，開始還款時間是畢業後某一時間點，請進入「貸款管理工具」，依照貸款契約，選擇有寬限期的貸款償還方式。如果你有其他貸款有類似情形，即在未來才需要還款，請用相同方式處理。

如果「貸款管理工具」沒有你的還款方式，可以選擇「其他債務管理工具」，較有彈性地填寫您的負債還款狀況，如果你今年就需要做一次還款，「儲蓄能量表」中「其他債務清償額」這個欄位會顯示該還款金額。

填完「儲蓄能量表」後，你會看到未來一年可以儲蓄到的金額，即「年可儲蓄所得」，這是一年後你會儲蓄到的金額，可以用來儲備「存款－生活金」、清償「應立即償還債務餘額」或是為未來的理財目標支出（例如退休準備）投資。關於「存款－生活金」與「應立即償還債務餘額」會在下一階段的「財富表」中詳細說明。

用儲蓄能量年度表估算每年收支

填完「儲蓄能量表」之後，下一步就看到**「儲蓄能量年度表」**，這個表估算每一年度的收入、支出、可儲蓄所得等金額，你可依自己的判斷，修改任何年度的「可支配

所得」「總年支出」「可儲蓄所得」，修改的欄位只會影響到當年度的數字，不會影響未來年度的數字，讓你更有彈性地預估每一年的各項金額。這種修改將影響人生理財規劃以後的步驟，例如「生活金」的計算等，但是請注意，這僅是一次性的影響，你只要再回到「儲蓄能量表」中，「儲蓄能量年度表」中的數字就會依「儲蓄能量表」中的數字更新，因此，如果想要修改的欄位比較多，處理未來收入或支出改變比較好的方式，可能是以靈活的方式利用「所得成長管理工具」及「支出成長管理工具」預估未來的所得與支出。

用儲蓄能量年度表估算收支

財富表

接著請進入「財富表」，填寫你擁有的資產與負債。為了便利進行人生理財規劃，本系統將資產與負債做了適當的分類，這與你平常熟悉的分類可能有些不同，但是對於人生理財規劃，這種分類是必須的，可以幫助你有效率地規劃人生。

填寫財富表

財富表幫助您整理自己擁有的資產與負債，資產可以分成七類：
(1) 存款—為達財目標儲保留：透過存款金額是為了執行理財計劃目標(例如買房的購屋款)保留下來的存款，也可以是現在為了支付一筆大額支出所預留的錢，將來花費之後，請更新數字。請注意，財富表中的各種資產金額不能重複納入。
(2) 非存款—為達理財目標保留：這是為了執行理財計劃目標(例如買房的購屋款)所保留下來的非存款型的投資資產，也可以是現在為了支付一筆大額支出所預留的，將來花費之後，請更新數字。請注意，財富表中的各種資產金額不能重複納入。
(3) 存款—生活金：生活金是隨時可變現動用的存款，用於日常生活周轉與非預期緊急支出，降低未來的生活風險及在緊急狀況下必須變現投資所抵的風險。
(4) 存款—非生活金：是隨時可動用的存款，是臨時性最強、是風險最低的投資。
(5) 核心資產：包含合理規劃的中長線進成理財目標的投資，「存款—非生活金」也是核心資產的一種。
(6) 衛星資產：不合在合理的計畫中的投資。
(7) 生活用財產：生活必須的財產，目前不在投資變現取得的，例如：自住房屋、工作的汽機車等。
易變現資產是很快可以變成現金的資產，例如交易量大的股票；難變現資產是要花較長時間可以變成現金的資產，例如房地產，請依照個人判斷填寫各類型資產的金額。本系統會將「核心資產」納入理財規劃中，請考慮盡量增加很心資產、減少衛星資產、避免考慮在完色地時將「難變現資產」轉變成「易變現資產」，減少理財計劃無法達成的風險、負債分成兩類：
(1) 應立即還還類：意必須馬上還應的負債，像高利率的信用卡負債。本系統會優先償還此類債。
(2) 非立即還還類：是幾要能在財中填的負債，無償還的急迫性。

資產 金額		負債與淨財富 金額	
存款—生活金 ❓加解 : 50,000			
核心資產 ❓分解 : 10,000		總負債(元) : 0	
衛星資產 ❓加解 : 0			
其他資產 : 160,000			

基本資料	儲蓄能力	年度儲蓄	財富表	生活金	人生目標	預期財富	資產配置	夢想	結果規劃
1	2	3	4	5	6	7	8	9	10

請參考「全人均衡理財資產分類表」，了解全人均衡系統的資產分類方式。資產分成為理財目標保留、生活金、核心資產、衛星資產、生活用資產，每一種資產可能是以存款、易變現資產、難變現資產的形式持有。該表

顯示的資產分類為「存款－為理財目標保留」「非存款－為理財目標保留（以易變現資產持有）」「存款－生活金」「存款－非生活金（核心資產以存款形式持有）」「非存款－易變現核心資產」「非存款－難變現核心資產」「非存款－易變現衛星資產」「非存款－難變現衛星資產」「非存款－生活用資產」。全人均衡理財就是將人力資本價值（即工作所得）轉換成理財資產，幫我們實現平衡充實的人生。

認識資產分類

全人均衡理財資產分類表

人力資本價值　→　理財	存　款	易變現資產	難變現資產
為理財目標保留	●	●	
生活金	●		
核心資產	●	●	●
衛星資產		●	●
生活用資產			●

實現平衡充實的人生

盤點資產

　　資產部分的前兩項，「存款－為理財目標保留」與

「非存款－為理財目標保留」，是經常讓讀者混淆的項目。這兩項的目的是讓你填寫**已經規劃好一定要支出的項目**，例如你有一筆存款就是要用於三年後辦婚禮的，請填寫在「存款－為理財目標保留」欄位中，又例如你有一支股票兩年後要贈與給小孩，請填寫在「非存款－為理財目標保留」欄位中。請注意，**已經在這裡填寫過的金額，不能重複在其他的「財富表」欄位中填寫，這些錢不會投資於為了達成人生理財目標之目的上。**

這兩項也是當未來有人生理財目標到期，例如小孩要念大學了，需要花錢時，保留給該目標花費使用的。有關當目標快到期時，該如何調整資產配置，把部分累積的財富變現，放在為理財目標保留的項目中，將在後面詳細說明。若你才剛開始規劃小孩教育的人生理財目標時，不要填寫成「為理財目標保留」的資產，請填為核心資產的一種，並在以後的規劃步驟「人生目標表」中填寫教育目標金額。

接下來一個至關重要的資產項目是「存款－生活金」，生活金是做為日常花費周轉以及緊急支出的存款，例如一個月的生活支出是 5 萬元左右，月初領薪水時會有這個金額在存款帳戶中，月底時就差不多花完了，如果同時還保留 50 萬元在這個存款帳戶中，以備不時之需，「存款－生活金」就是 55 萬元左右。

「存款－生活金」非常重要，是個人理財風險管理的

第一道防線，有這筆錢，可以避免有緊急支出時，在股市不佳時賣股票。**本系統依你的支出狀況及年齡建議起碼的生活金水準，給你參考**，如果你的生活金水準不夠，「生活金建議功能」會提醒你處理。基本上，本系統會依據「儲蓄能量年度表」中的資訊，在人生理財規劃中將未來可儲蓄所得以優先達到生活金目標的方式做規劃。

　　「存款－為理財目標保留」與「存款－生活金」都是為特殊目的保留的存款，不能隨時動用，隨時能動用的存款的是「存款－非生活金」，這是幾乎沒有本金損失風險的存款。在本系統中，「存款－非生活金」屬核心資產，在人生理財規劃中是為了達成人生理財目標所持有的資產，例如子女教育花費、退休準備等。這筆錢以存款形式

確認理財風險管理的第一道防線「存款－生活金」

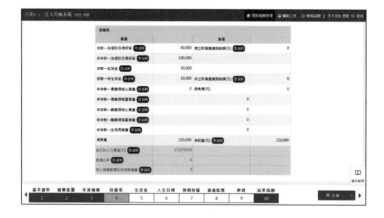

持有，全人均衡系統將用來優先清償應立即償還負債、達成生活金目標、達成「以定存達成的人生理財目標」（在「人生目標表中」會討論），剩下的部分用來為了達成人生理財規劃目標，依目標報酬率做資產配置。「存款－非生活金」在「人生目標表中」是「期初投資」的一部分，在該規劃階段，你可以決定將這種存款轉為其他種投資（例如股票），也許會得到較高的報酬，有助於達成更高的人生理財目標，但是必須承擔較高的投資風險。

以上的存款分類是為了便利人生規劃所做的資產分類，銀行不會提供叫做「存款－為理財目標保留」「存款－生活金」或「存款－非生活金」帳戶，請你利用本系統在心裡面把存款規劃成這三種目的，雖然實際上你可能只有一個存款帳戶，但會建議在心裡上做這三種區分，你當然也可以為這三種目的，分別存入不同的銀行帳戶，便於管理。

「存款－生活金」中除了平常周轉用的錢，其他生活金可以放在定存，獲得較高的利息。本系統提供一個輔助工具「資產庫存」，幫助你管理資產，你可以利用這功能區分這三種存款，後面本書也會說明「資產庫存」功能的使用。

除了存款以外，你可能有其他類型資產，例如股票、基金、房地產等，這些資產比存款風險高，本金可能會有所損失。為了方便人生規劃，本系統允許你將這些資產區

分為「非存款－易變現核心資產」「非存款－易變現衛星資產」「非存款－難變現核心資產」「非存款－難變現衛星資產」「非存款－生活用資產」。首先說明易變現與難變現資產的差別。**易變現資產指的是可以很快地脫手變成現金的資產**，在交易所掛牌交易的股票屬於這類易變現資產，**難變現資產指的是無法很快地脫手變成現金的資產**，例如房地產與古董收藏等。

核心與衛星資產的區分對人生理財規劃有關鍵的影響，**核心資產指的是在規劃中，為了達成未來人生理財目標的花費而所做的投資**，例如為了儲蓄購屋頭期款所做的長期投資就屬於核心資產。衛星資產是排除在人生理財規劃以外的投資，不打算把它未來的價值花費在未來的人生理財目標上，也就是這種資產不是用來投資於實踐未來的人生理財目標上的，例如古董，價值具高度不確定性，不適合作核心資產，僅能做衛星資產，又例如短線交易的股票也因類似的道理，僅適合分類成衛星資產。

核心與衛星資產可以用一個簡單的法則的區分：1、**長期性**，為了人生理財目標所做的投資就是核心資產，所以，「存款－非生活金」也是一種核心資產；2、**短期性**，想要獲得短期利益的投資就是衛星資產，這種資產通常是為了選股與擇時目的持有的。

這裡要分享一個重要的觀念，**投資者應該把「核心」先顧好，人生理財規劃是我們達到平衡充實人生的路徑**

圖，將愈多的資產分配在核心資產上，達成人生理財目標的機會將愈高。只有核心資產已經很充足的人，才適合有一些衛星資產。衛星資產的投機性及風險高，為了照顧這種資產，你必須花不少時間與精力，會影響可以花在事業、家庭、與健康的時間，是不是值得是一個應該思考的問題，你的生活會因把所有的投資都以核心資產持有而更好。

「八喜法則」一再強調，適合一般人的是分散風險的指數型投資，而且以定期定額的方式投入，這就是核心投資的精髓。因此，本系統建議把所有的易變現資產都轉化成核心資產，降低人生規劃無法實現的風險。例如，如果手上已有 10 萬元的個股投資，市況尚可的情況下，可以將它變現，轉換成指數型投資，成為「非存款－易變現核心資產」，不過，你當然可以按自己的偏好持有一些衛星資產。

「財富表」中的另一種資產是「非存款－難變現核心資產」，相對於易變現的資產，難變現資產的特徵是需要花一段時間才能處分成功的資產，例如你要賣房子，從委託仲介到有人來看房，到買方出價，到成交，到最後交屋，是一段頗長的時間，完成交易時間愈久，成交價格的不確定性較高，而且收到價金曠日廢時。雖然難變現資產多為長期投資，但嚴格說來並不適合做核心資產，因為當需要花錢時可能拿不到錢，你當然還是可以有「非存款－

難變現核心資產」，但是必須有這種心理準備。如果市況好，可以考慮將「非存款－難變現核心資產」變現為「存款－非生活金」，再於人生理財規劃的資產配置中投入指數型投資中，變成「非存款－易變現核心資產」。

下一個資產項目為「非存款－難變現衛星資產」，例如投資一棟房子，想一陣子後出售獲利，即適合列為「非存款－難變現衛星資產」。同樣地，為了增加人生理財規劃實現的機會，建議考慮把所有的難變現資產都納為核心資產，而且如果市況好，可以考慮先變現為「存款－非生活金」，再配合人生理財規劃的資產配置投入指數型投資中。當然，你可以按照自己的偏好分類資產。

最後一種資產是「非存款－生活用資產」，是用來支持日常生活使用的，譬如上班用的汽、機車，自住房等，在正常情況下，不會因為為了要達成某個人生理財目標而出售這種資產。但是這類資產有殘餘價值，尤其是自住房，將來可以賣掉換新屋，賣掉換成現金改成租屋，或者在退休時運用於以防養老等，你可以利用本系統將這些情況反映在人生理財規劃內，本書在討論「人生目標表」時會說明。

負債

填完資產後，請開始填「財富表」中的負債項目，你

第一個應該關注的是**有沒有應立即償還債務，尤其是利息過高的債務**？例如：信用卡、現金卡、高利貸、地下錢莊借款等，這種債務的利息通常高於一般人投資可以得到的獲利，例如現在的信用卡利率高達 14%，而且是利上滾利，對個人理財的傷害力太大。如果你有這種債務，而且願意填入「應立即償還債務餘額」欄位中，本系統會依據「儲蓄能量年度表」中的資訊，用你未來的可儲蓄所得優先償還這種債務，協助你做適當的人生理財規劃。如果不想盡快償還這種債務（本系統建議你三思），請把該負債填入「儲蓄能量表」中的「其他債務管理工具」中，系統會依據你計畫還款的時程幫你規劃。

最後一項負債項目是「非立即償還債務餘額」，這部分不需要填寫，系統會依「儲蓄能量表」中的「貸款管理工具」及「其他債務管理工具」中填寫的債務資料，彙整後帶入「非立即償還債務餘額」的欄位中。

淨財富

接下來系統會在「財富表」中為你計算**淨財富，即總資產減掉總負債的差額**，顯示在「淨財富」欄位中。你年輕時，淨財富可能是負數，因為尚在累積資產的階段，可是已經有負債（例如學貸），等到你一步一腳印執行人生理財規劃後，淨財富自然會漸漸改善。「財富表」還會幫

你計算自己的人力價值，顯示在「自己的人力價值」欄位中，這是你退休前未來所有的收入，以現在的幣值加總的結果。你會發覺自己其實很值錢，這是個人理財的關鍵，**你年輕時「自己的人力資本價值」比資產高許多，隨時間將所得換成資產，「淨財富」就會愈來愈高。所以，投資在提升自己的人力價值上面（例如學習好的工作技能），加上努力工作，「自己的人力資本價值」即會更高，財富就會增加。**

「財富表」也為你計算負債比率，該比率愈高，表示還款壓力愈大，影響財富的累積、個人理財的一個重點是避免為了消費或者投資舉債，為了消費而舉債會造成過度消費的習慣，無法為未來的支出儲蓄投資，也可能沒有足夠的生活金應付萬一發生「屋漏偏逢連夜雨」的狀況；舉債投資對一般投資人更是特別危險，相對於專業投資人，一般人沒有特殊的投資優勢，因此投資結果基本上是由運氣決定的，如果投資失利，會造成無法還債的糟糕狀況。當然本系統很有彈性，你可以按自己的偏好做人生理財規劃。

某些情況下可以考慮舉債。例如，借錢唸書可以增加自己的職場競爭力，但是還是應考量自己的還債能力後再借錢。貸款買房子是常見的舉債原因，你可以考慮幾個因素，第一、如果是自住房，雖然必須貸款，但是有一棟自己的房子，會有安定感，不需要擔心被房東要求搬家，

或者租不到房子；第二、貸款雖然要支付利息，可是租房也要付租金，如果租金超過貸款利息，可以省下來償還貸款的本金；第三、要買自己負擔的起的房子，簡單的法則是，必須能維持每年的「可儲蓄所得」是正數，本系統的「儲蓄能量年度表」能幫助你了解現在還款壓力是否已過大，在後面會介紹到的「人生目標計畫表」中，系統會為你控制新貸款不會造成未來的所得無法負擔的情況；第四、年輕時買一棟負擔的起的小房子，等到腳踏實地執行人生理財規劃後，將來會有能力換房子。

　　「財富表」也顯示「核心資產配置於非存款權重」，即非存款占核心資產的比例，這個比例愈高表示你的資產的風險愈高，但是未來的實際報酬率也可能比較高，系統會在「風險分析年度表」中幫助你了解報酬率與風險之間的關係，然後你可以依據自己願意承擔風險的偏好做資產配置的決定。

　　在「財富表」淨財富數字旁邊可以點選「顯示（資產庫存）」，看到你曾經建立的資產庫存，即你持有的所有資產標的及價值，你可以選擇將資產庫存帶入一個人生理財規劃中，請注意，一旦帶入，「財富表」中的各種資產數字即被該庫存取代，你可以再修改財富表中的數字，但是無法恢復帶入前的狀況。「資產庫存」是一個很有用的功能，幫你隨時更新及掌握資產狀況，等一下會說明如何填寫資產庫存。

生活金建議功能

　　接著請進入人生理財規劃的下一步驟,「生活金建議功能」。生活金是投資與人生風險管理的第一道防線,非常重要,因此本系統特別為你設計「生活金建議功能」,協助你規劃生活金。「生活金建議功能」的規劃邏輯是,只要你有非生活金的存款,即「存款－非生活金」,而且也有「應立即償還債務」,系統會先用「存款－非生活金」償還「應立即償還債務」。如果你想要有的生活金水準,即「存款－生活金」的目標金額,超過已經有的「存款－生活金」,系統會先用償還「應立即償還債務」後剩下的「存款－非生活金」填補「存款－生活金」,如果不夠讓「存款－生活金」達到目標金額,系統會將未來的可儲蓄所得先用來填補生活金目標,達到目標後,未來的可儲蓄所得才會用在投資於未來的人生目標上。

　　如果一開始「存款－非生活金」就不夠償還「應立即償還債務」,系統會將未來的可儲蓄所得先用來償還「應立即償還債務」,之後再用來填補生活金目標,達到目標後,未來的可儲蓄所得才會用在投資於未來的人生理財目標上。

　　以下是你在「生活金建議功能」中可能會看到的一些情況。如果在「財富表」中曾填寫「應立即償還債務」,

系統會先將你在「財富表」中的「存款－非生活金」金額扣除「應立即償還債務」金額，剩下的金額移到「存款－非生活金」列中的「更新至財富表」欄位中，如果「存款－非生活金」金額不夠償還「應立即償還債務」金額，「存款－非生活金」列中的「更新至財富表」欄位顯示的數字將是零。

你也會看到曾在「儲蓄能量表」中填過的「存款－生活金」，更往下會看到「生活金參考值」，這是本系統依據你在「儲蓄能量表」中的支出狀況及年齡給的建議，並非精確數字，通常年齡愈高、生活支出愈高，你需要的生活金即愈高，以備不時之需，而且如果你的債務與保險支出也高，你也需要更高的生活金。

如果覺得填寫在「財富表」中的生活金太低，請在「生活金目標」欄位中填寫希望有的金額。系統會先將「存款－非生活金」的金額扣除「應立即償還債務」後，剩下的金額移轉給「存款－生活金」，「存款－生活金」列中的「更新至財富表」欄位中會顯示移轉後的「存款－生活金」餘額，當你點擊網頁下「更新至財富表並回到財富表」或「更新至財富表並前往人生目標計畫表」，「財富表」中的「存款－非生活金」及「應立即償還債務」會相對應的減少，而「存款－生活金」會增加。如果「存款－非生活金」扣除「應立即償還債務」，移轉給「存款－生活金」後，「存款－生活金」不夠達成「生活金目

標」，「存款－非生活金」會歸零，而且本系統在你進入「人生目標計畫表」後，會以未來的可儲蓄所得幫你先累積至「生活金目標」，協助你進行人生規劃。

如果「存款－非生活金」的金額不夠完全償還「應立即償還債務」，「存款－非生活金」列中的「更新至財富表」欄位中的數字會顯示零，「應立即償還債務」列中的「更新至財富表」欄位中的數字會顯示「應立即償還債務」剩下的金額，而且「存款－生活金」不會改變。系統在你進入「人生目標計畫表」後，會以未來的可儲蓄所得幫你先償還「應立即償還債務」，償還後再開始累積至「生活金目標」，達到目標後，未來的可儲蓄所得才會用在投資於未來的人生理財目標上。

在此做些補充說明，幫你進一步了解「生活金建議功能」的運作方式。在「生活金建議功能」中，除了「生活金目標」，在「目前情況」下方另外有三個欄位可填，「存款－生活金」「存款－非生活金」及「應立即償還債務」。這些欄位讓你可以簡便地直接在「生活金建議功能」中調整「財富表」的內容。如果填了新的「存款－生活金」「存款－非生活金」或「應立即償還債務」的金額，表示你原本在「財富表」相對應的欄位中已顯示的金額不是你現在想顯示的金額，因你已逕自在相關欄位中調整了，要離開「生活金建議功能」時，如果點選「更新至財富表並前往人生目標計畫表」，不須再至「財富表」中

聽取生活金的建議與分析

	目前情況	建議	更新至財富表
存款─生活金 ⓘ說明	50,000	50,000	50,000
存款─非生活金 ⓘ說明	10,000	10,000	10,000
建立即償還債務 ⓘ說明	0	0	0
生活金目標 ⓘ說明	0		
生活金參考值 ⓘ說明	326,720	326,720	
生活金減生活金參考值 ⓘ說明	-276,720	-276,720	
存款減生活金參考值 ⓘ說明	-266,720	-266,720	

生活金分析結果

您目前有 50,000 元『存款─生活金』，相較於建議金額326,720元，尚不足276,720元，可以考慮將『存款─非生活金』分配至『生活金』，您目前帳上有 10,000 元『存款─非生活金』，可以保留 0 元，並分配 10,000 元至『存款─生活金』。
請參考『生活金參考值』，依照自己的偏好填寫『生活金目標』，如果『存款─生活金』小於『生活金目標』，系統會先以『存款─非生活金』補足不夠的部分，如果還是不足，請參考以下建議，思考如何達成『生活金目標』：
1.利用未來的『儲蓄』先存夠『存款─生活金』，系統會在理財計畫中為您自動處理，請點擊[更新至財富表並往前人生目標計畫表]，繼續進行理財規劃；
2.將『非存款─易變現資產』或『非存款─難變現資產』變現，轉換成『存款─生活金』，但需考量市場狀況與交易成本，若市況不好而賠售，將失去未來價格上升的獲利機會，交易成本包含手續費及各種賦稅等，如果這樣做，請點擊[更新至財富表並回到財富表]，更新財富表中的數字；
3.如果將來有未預期的收入（如樂透獎金），建議優先分配給『存款─生活金』，既能降低投資與生活風險，又能及早開始利用儲蓄為理財目標進行投資，在這種情況下，請記得進入本系統修訂理財計劃，反映那時的『存款─生活金』水準。
雖然本系統建議應有足夠的生活金，您當然還是可以忽略本系統的建議，點擊[跳過生活金建議功能繼續進行理財規劃]，繼續進行理財規劃。

⦿ 跳過生活金建議功能並往前人生目標計畫表 | 更新至財富表並回到財富表 ＞ | 更新至財富表並往前人生目標計畫表 ＞

改變數字，系統會按「更新至財富表」欄位中的數字幫你自動更新。但是請注意，你的總資產金額在任何一個時點是固定的，如果更改了「存款－生活金」或「存款－非生活金」的金額，你可能必須也調整財富表中其他資產的金額，而實際持有的資產也必須要同時一致調整。

　　「更新至財富表」下方也有對應「存款－生活金」「存款－非生活金」「應立即償還債務」三個欄位，代表的是系統依據你已有的「存款－生活金」「存款－非生活金」「應立即償還債務」及「生活金目標」計算出你在「財富表」中的「存款－生活金」該有的金額。如果你改變「目前情況」下方「存款－生活金」「存款－非生活金」「應立即償還債務」的數字，「更新至財富表」下方各欄位中的數字也會隨之改變。

　　無論你在「生活金建議功能」中如何填寫，本系統再次提醒你，更新後的「財富表」應符合填表時的實際總資產金額狀況，例如本來「存款－非生活金」的金額比較低，你希望有比較高的金額，你可能必須把「非存款－易變現衛星資產」的金額減少，才符合你的實際狀況。

　　你也會在「生活金建議功能」中看到「應立即償還債務清償年齡」，表示在這一歲數時「應立即償還債務」會清償完畢。你也會看到「生活金目標達成年齡」，表示在這一歲數時會儲蓄足夠生活金目標。在生活金建議年度表中會看到「生活金目標」與「應立即償還債務餘額」隨年齡改變的狀況，當這兩個金額成為零的那一年開始，你的可儲蓄所得就可以空出來為未來的人生理財目標投資了。如果希望可儲蓄所得可以早點為未來的目標投資，可以填寫少一點生活金目標與應立即償還債務，但是本系統建議你三思。

　　利用「生活金建議功能」規劃完生活金後，有三個選擇路徑前往本系統的下一步驟。如果不想更新財富表中的數字，請選擇「跳過生活金建議功能並前往人生目標計畫表」，系統會忽略你曾更改過的金額，按照你填寫的生活金目標及原來的「存款－生活金」，「存款－非生活金」與「應立即償還債務」金額，直接帶你進入「人生目標計畫表」繼續規劃。

　　如果點擊「更新至財富表並回到財富表」，不論有無調整了「生活金建議功能」，系統會帶你回到財富表，你可以就更新後的狀況，考慮是否要再調整「財富表」，接著你必須再回到「生活金建議功能」，才能繼續規劃。如果點選「更新至財富表並前往人生目標計畫表」，就會進入「人生目標計畫表」中，而系統會自動依據你在「生活金建議功能」中做的動作調整「財富表」。系統會依據你點選的三個選項之一，依據「應立即償還債務」的餘額及生活金目標尚未滿足的金額，繼續以下的規劃步驟。

人生理財目標計畫表

　　「生活金建議功能」後的下一步驟是「人生目標計畫表」，點進去之後，最先看到數字會是「期初投資」，這是「財富表」中「存款－非生活金」「非存款－易變現核

心資產」與「非存款－難變現核心資產」的加總，也就是你的人生理財規劃最初的「核心投資」，核心投資是你為了達成未來人生理財目標所作的投資，除了期初投資外，還包含未來每年可儲蓄所得投入的金額。如果「期初投資」中「存款－非生活金」相對較多，未來理財目標能夠

填寫人生理財目標表

人生目標表

「期初投資」　10,000　0 等於「期初投資必須列入／核心資產配置」

「期初投資-市場指數」　0

「期初投資-存款」　10,000

整體生活目標

名稱	年齡	達成額（以投資達成）	預計調整後的年支出(元)	所得替代率
理財目標-整體生活	65	0	163,360	0.272

人生目標列表

人生目標：以投資或存款達成

達成額＝現金額＋以投資達成＋以存款達成

名稱	年齡	達成額	以存款達成	以投資達成	購買為資產	相含結餘

基本資料	轉置配置	年度規劃	財富表	生涯表	人生目標	預期規劃	資產配置	夢想	結果預測
1	2	3	4	5	6	7	8	9	10

達成的風險愈低,「非存款－易變現核心資產」與「非存款－難變現核心資產」相對愈多,風險愈高,但是如果運氣好,將來投資報酬高,能花的錢即愈多。

當你離開「人生目標計畫表」後,本系統會在以後的「預期財富」階段計算能達到你的人生目標的理財目標報酬率,接著會在「資產配置」階段看到系統提供的風險分析,幫你決定願意承擔的風險程度,如果願意承擔的投資風險愈低,目標報酬率也必須愈低。

期初投資

「人生目標表」中的「期初投資」功能讓你改變「期初投資」原來在財富表中的組成,就是你可以在「期初投資－市場指數」與「期初投資－存款」兩個欄位中填入想要的金額,這兩個金額的加總必須等於「期初投資」,你只要在「期初投資－市場指數」中填寫數字,「期初投資－存款」的數字即會跟著改變,「期初投資－存款」數字不可以為負數。如果在「期初投資－市場指數」中填寫數字與「非存款－易變現核心資產」與「非存款－難變現核心資產」的加總不一樣,請回到「財富表」更新,讓你的資料前後一致。本系統也鼓勵你用「資產庫存」更新及管理你的財富。

「期初投資－市場指數」也等於是你想要分配在「非

存款－易變現核心資產」與「非存款－難變現核心資產」中的資產，本系統假設他們將以市場（大盤）的歷史報酬率在人生規劃中累積財富，但是無法保證本系統使用的歷史報酬率的精確性，而且未來的報酬率多半會與過去的報酬率不一樣，這是你必須理解的風險。「期初投資－存款」是你想要分配在「存款－非生活金」中的款項，基本上風險很低，但是不具增值潛能。其實你可以隨時回到「財富表」中調整各種資產的金額，改變「期初投資」的風險程度，但是記得要符合實際狀況，例如，你可以增加「存款－非生活金」，但是必須把「非存款－易變現核心資產」變現，並且轉成「存款－非生活金」。

人生理財目標：退休金規劃

接下來就進入讓人興奮的人生理財目標規劃階段了，第一個印入眼簾的是「退休生活目標」。點擊「退休金試算」功能後，將進入「退休生活目標」表，由於退休金準備通常是大家最關心的人生目標，這是必須填的表，填完之後才能規劃其他的目標。填寫時請參考政府網站，例如勞工退休金個人專戶內之金額查詢，[註1] 及公教人員退休所得設算等，[註2] 幫你預估未來退休後的所得。如果你離退休還有一段時間，由於政府可能因通貨膨脹調高退休金，本系統鼓勵你將通貨膨脹因素納入，如果你對

於未來的通貨膨脹率沒有很好的想法，可以假設每年為1.5％，本系統無法保證該假設的正確性。但是鑒於政府財政弱化的趨勢，也可考慮比較保守的退休金規劃，即假設未來的退休金所得不多。

填完表後請點擊「更新數值」，系統會顯示你在退休時應該儲蓄到的「退休生活目標金額」，納入考量退休後會領到的各種退休金，及退休後必須償還的負債，你將可以達到「預計退休後的年支出」水準。如果你想要的「退休生活目標金額」與「更新數值」後的金額不同，請直接在「退休生活目標」表中調整數字，例如提高退休後「預估支出增加的金額」就會增加「更新數值」後的金額。找到滿意的「退休生活目標金額」後，請點擊「關閉視窗，返回人生目標表」，就會回到「人生目標表」，讓你規劃其他人生目標。

人生理財目標：以投資或存款達成

退休金以外的其他人生理財目標基本上分為三種，第一種是不想要貸款的目標，第二種是需要貸款的目標，第三種是如果預期將來會有一次性的大額現金收入，不算是要花錢的目標，但也可以填寫在「人生目標表」中，會幫助你減輕達成目標的負擔。

不想要貸款的目標請在「人生目標：以投資或存款達

成」的區塊中新增或刪除目標。點擊「＋人生目標」，即可填寫有關下一個目標的資訊，請給每一個目標一個獨特的「名稱」（例如換新車），並填寫目標達成的「年齡」，該目標必須起碼與填表時點間隔一年以上。接著填寫目標「總金額」（例如新車總價100萬），這個區域的目標可以經由「以投資達成」或「以存款達成」。「以投資達成」的意思是，該目標的達成要靠將「期初投資－存款」及每年的可儲蓄所得，按人生理財規劃的投資報酬率（後面會說明）分配投資於定存及風險性投資標的，如果金額與「總金額」一樣，表示該目標的金額都要以投資達成。「以存款達成」的意思是，該目標的達成要靠將「期初投資－存款」及每年的可儲蓄所得以定存累積。「以投資達成」的報酬率通常較「以存款達成」高，風險也高。

　　當你表達某些目標金額要以存款達成時，系統會將未來的可儲蓄所得先分配在存款中，直到所有要以存款達成的目標金額全部滿足為止，因此，當你要以存款達成目標時，你已經做了一個抵換的決定，就是將未來的可儲蓄所得優先存放於存款，等到存夠了錢，能夠達成要以存款達成的目標後，將來的可儲蓄所得才會用於投資於存款外的風險性標的，例如股票，所以，雖然以存款達成的目標的風險很低，但是你能夠投資於報酬率較高的風險性標的之可儲蓄所得就會延後而且減少，將影響你將來能夠累積的財富金額，也就是你未來的人生理財目標金額可能要比較

低。

這個抵換關係可以從下面的例子理解，如果你所有的人生目標「總金額」都是「以存款達成」，只要將來每年有足夠的可儲蓄所得投入於為達成未來目標的定存上，基本上就可以萬無一失的達成目標，但是因為存款報酬率低，你將無法用可儲蓄所得投資於其他種類之風險性標的累積財富，提高未來的人生理財目標支出。

本系統將在「預期財富」區域中檢查，你的「期初投資－存款」加上未來的可儲蓄所得是否足夠達到「以存款達成」的所有目標金額，如果無法做到，系統會顯示無法通過檢查，你必須回到前面的步驟調整人生目標相關金額，例如減低「以存款達成」的目標金額，想法增加「期初投資－存款」或未來的可儲蓄所得等。本書說明目標報酬率時，你會了解除了生活金外，你可以用資產配置的方式控制風險，此外，努力工作，減少失去工作所得的風險，是很好的風險管理方式，因此不一定需要過度依賴「以存款達成」目標，但是你還是應以自己的風險承擔偏好思考「以存款達成」的目標金額。

請注意，**本系統中「以存款達成」的最久目標時點必須是在退休的前四年，避免它的重要性比退休準備高。**

人生理財目標：需要貸款

　　只有需要貸款的目標才在「人生目標：需要貸款」的區塊中新增或刪除目標，而且，為了減輕一個目標的負擔，你可以變賣在一個目標發生前購置，即使貸款還未清償完畢的資產，常見的例子是賣舊房換新房，如果要這樣規劃，請點選對應這個目標的「使用變賣資產」。如果想變賣的資產是在財富表中已有的衛星資產或者是生活用資產，但是該資產購買時未以貸款購買，則請勿用「使用變賣資產」處理這個情形，例如你已有自住房，而且規劃十年後賣掉這棟房子換新房，則請將這棟舊房子在未來要換新房的時點的預估價值，從新房子的預期總買價中直接扣除即可。

　　如果沒有要變賣資產達成某人生理財目標，你可以用「以貸款達成」的方式協助達成理財目標。貸款經常發生在購屋的時候。例如想買 1,000 萬元的房子，希望「以投資達成」頭期款 200 萬元，剩下的 800 萬元用「以貸款達成」的方式購屋，在這情況下請直接在該目標列中的貸款資訊相關欄位中填入利率（如果對於未來的貸款利率沒有把握，請填入現在的行情）及貸款期（月）數資料即可。

　　點擊「年度表」，系統會帶你進入「人生目標攤還年度表」，彙整貸款攤還相關資訊，如果想了解這個貸款以

後每年的還款金額、在某時間點還欠銀行的貸款餘額等資訊，請往網頁下方移動。當你進入下一個規劃流程「預期財富」時，系統會檢查是否未來的可儲蓄所得足夠償還貸款。接著你可以從「年度表」回到「人生計畫表」，如果還想修改某貸款資訊，請直接在該目標列中的相關欄位改變利率及期數資料即可。再點擊「年度表」，即會回到該貸款的「人生目標攤還年度表」。

人生理財目標：需要變賣資產

　　如果想變賣某些資產，減輕一個需要貸款的目標之負擔，請在該目標列中點選「使用變賣資產」，系統會將使用變賣資產的目標移到「人生目標：需要變賣資產」的區塊中。接著請點選「＋變賣資產工具」，你將看到兩種可變賣的資產，一種是在「提前清償既有貸款工具」區塊中的資產，你在「儲蓄能量表」的「貸款管理工具」中填寫過的貸款都會出現在這裡，請確定你要變賣的是可以變賣的資產，像學貸則不能被變賣。另一種是在「提前清償人生目標貸款工具」區塊中的資產，這類資產是你在人生目標表中勾選為資產的目標。

　　接著請在「步驟一」中選擇（打 ✓）想要變賣的資產；在「步驟二」中的「資產價值」欄位中填入該資產（例如一棟舊房子）賣出時的預估價值，「步驟一」中打

✓的資產將出現在「步驟二」中，請選擇要提前清償貸款的資產（即使在人生目標表中購買該資產時沒有貸款也可以被選擇），每一個目標最多僅能提前清償三個貸款，而且不同的目標不能重複提前清償相同的貸款。

接著請點選「檢查並更新資產淨值與以貸款達成金額」。系統檢查四項條件，第一項是要被提前清償的貸款之到期年齡必須晚於要以變賣資產達成目標的年齡，請注意，為了避免因無貸款日期而無法通過本項檢查，系統不會將貸款購買的資產的貸款到期時間訂為蒙主寵召之時；第二項是要被提前清償的舊貸款的相關人生目標年齡，必須發生在要以變賣資產達成人生目標的年齡之前；第三項是不重複提前清償相同的貸款；第四項是不選擇要提前清償目標本身之貸款。檢查通過的項目會出現 OK，如果不通過，請回到以前的規劃步驟更正。四項條件都出現 OK 後，請點選「關閉視窗，返回人生目標表」。如果想變賣的資產的貸款到期年齡，是在要以變賣資產達成目標的年齡之前，你無法選擇變賣這個資產，在這種情形下，請直接在「人生目標表」中將要變賣的資產的價值從要以變賣資產達成目標得總價值中扣除即可，例如規劃 3 年後買自住房，貸款 10 年，規劃 15 年後賣掉這棟房子換新房，則請將 3 年後買的房子在 15 年後要換新房的時點的預估價值，從新房子的預期總買價中直接扣除即可。

其他大額現金收入

　　如果預期將來會有一次性的大額現金收入，例如祖父母贈送給孫子女的教育經費，請在「其他大額現金收入列表」區塊中填寫。每次離開「人生目標表」前，或者因有事暫停規劃，請記得點選存檔。接著請點選「其他大額現金收入列表」下方的理財規劃流程中的「預期財富」，進入下一階段的理財規劃。

　　除了「退休生活目標」外，你可隨時選擇新增或刪除人生目標。

理財規劃檢查結果

　　填完人生目標後，系統將用期初投資中的「存款－非生活金」及未來可儲蓄所得幫你先償還必須立即償還的負債、儲蓄生活金及必須以存款達成的目標，並且計算剩下可以儲蓄的錢需要多少投資報酬率才能達成人生目標，本系統把這個投資報酬率叫做「理財目標報酬率」，以下本書說明完「理財目標報酬率」相關事項後，會在「資產配置」區說明如何利用理財目標報酬率做資產配置，達成人生理財規劃目標。

　　請於「人生計畫表」的下方點選「存檔」後，再點選「預期財富」，進入「預期財富累積表」區域中的「理

財規劃檢查結果」。在「理財規劃檢查結果」中會看到五
種訊息：應立即償還債務還清的歲數、可存夠生活金目標
不足額時的歲數、可存夠必須用定存達成的理財目標總金
額的歲數、是否每年需用定存達成的目標金額皆能達成、
退休前幾歲時儲蓄不足以支應為理財目標所借貸款的攤還
金額。這五種訊息是系統檢查人生理財規劃是否可行的結
果，必須五項檢查都通過，系統才能計算理財目標報酬
率。如果規劃可行，請點選頁面上方的「目標報酬率」查
看目標報酬率，如果規劃不可行，你必須回到「人生目
標表」或者是點選之前填寫過的步驟（例如「儲蓄能量
表」），修改人生理財規劃。

　　例如，如果應立即償還債務太高了，造成退休前無法
償還完畢，在這種不可能有可儲蓄所得能為未來人生目標
投資的情況下，這個規劃即不可行，必須想法改變規劃，
譬如延長退休年齡，或著降低消費水準等。這個例子反映
了有關個人理財的一個重要觀念，當一個人負債太高時，
就很難以「理財」解決問題了，因此，不過度舉債是個人
理財的一個非常重要的原則。

　　又例如，如果退休前有些年度的可儲蓄所得不足以
支應為理財目標所借貸款的攤還金額，在這種情況下，你
可以考慮降低貸款金額、降低目標金額等，讓規劃變得可
行。系統檢查後，如果規劃可行，除了「退休前儲蓄與理
財目標貸款攤還」中不會有檢查不過的訊息外，其他四個

訊息會提供應立即償還債務還清、可存夠生活金目標不足額、可存夠必須用定存達成的理財目標總金額的歲數。此時請點選「目標報酬率」，進入「目標報酬率與指數報酬率」表。

預期累積財富表

　　如果點選頁面上方的「預期累積財富」，「預期累積財富圖」將出現，顯示財富以目標報酬率累積的情形，為了保守起見，本系統假設人生理財目標到期前一年，你就會累積足夠的財富放在定存中，準備好於下一年支出。目標金額以紅色長條顯示，目標到達前一年，累積的財富扣掉紅色目標金額，剩下的部分以綠色表示，用來為未來的人生目標繼續累積財富。綠色部分的財富累積組成有三種資金來源，期初投資的「存款－非生活金」、期初投資的「非存款－易變現資產」，每年的可儲蓄所得，因人而異。

　　對許多人而言，退休是最需要累積財富的時點，因此經常退休前一年的紅色長條最顯著，而且紅色長條以下沒有綠色的部分，表示退休時剛好累積到規劃的退休準備。(註3)退休以後，本系統假設所有的退休準備都將放在定存內，以綠色長條表示，隨時間按照你填寫在「退休金試算」功能中的退休後支出水準逐年支出，通常在預期蒙主

寵召的那一年剩下的財富會接近零，表示退休準備剛好花完。可是有時蒙主寵召時還會有剩下的財富，可能的原因是，退休以前有一個目標（例如買房）的金額剛好等於在目標報酬率下累積的財富金額，這種情形下，在這個目標時點前一年，紅色長條以下的綠色部分很小，而為了以後人生理財目標所累積的財富就會超過目標所需金額，使得紅色長條以下有綠色的部分，包含退休生活目標，所累積的財富超過「退休生活目標金額」，即退休前一年的紅色長條以下有綠色的部分，因此於預期蒙主寵召的那一年還會有未花完剩下的財富。

「預期累積財富圖」可以幫你判斷哪一個目標最難達成，你現在可能已經猜到，最難達成的目標就是紅色長條以下綠色部分很小的人生目標，如果你覺得目標報酬率太高（例如超過 12％），想往下調，你必須先處理這個最難達成的目標，可以考慮降低該目標的金額，例如買小一點的房子，或者晚一點買房子，當然也可以增加每一年的儲蓄金額。

當你盤點過自己的財富和人生理財目標之後，再來就是根據自身能力，開始進行核心資產的投資，如同在前面第 6 堂課所談到的，長期複利的效應對個人的財務規劃很有幫助，請務必在有餘裕時盡早執行。

檢視預期累積財富圖

理財規劃檢查結果　目標報酬率　預期累積財富

『理財規劃檢查表』檢查何時能清償『應立即償還債務』與補足『生活金目標』不足額，同時計算出『以存款達成』的目標總金額，分析是否能達成每年需以存款達成的目標金額，同時，如果退休前的可儲蓄所得不足以支應貸款的還還金額，系統也會提醒您。如果在退休前無法達成這些需求，系統無法計算目標報酬率，您需要調整理財規劃。

應立即償還債務
35歲可將『應立即償還債務』還清，當年有0元可以投資。

生活金目標不足額
35歲時可存與『生活金目標』不足額，當年有0元可以投資。

用定存達成目標總金額
35歲時可存與『以存款達成』目標總金額，當年有0元可以投資。

用以存達成目標之年度檢查
每年需『以存款達成』的目標金額皆能達成。

退休前儲蓄與理財目標貸款攤還
退休前的每一年儲蓄，均足夠支付貸款的本利攤還。

恭喜您，本系統已幫您分析完『人生目標計畫表』了：
您 35 歲時將存與『生活金目標』600,000元。
請點選『目標報酬率』，查看本系統計算出為了達成所有人生目標所需要的『目標報酬率』。

理財規劃檢查結果　**目標報酬率**　預期累積財富

目標報酬率：9.9%
1.5% ●●● 21.6%

1.『目標報酬率』是能達成所有人生目標的投資報酬率。
2. 報酬率與風險的關係密切，『目標報酬率』愈高表示必須承擔愈高的風險，如果想了解報酬率與風險的關係，『資產配置』區會依據您的資產配置進行『風險分析』。
3.『目標報酬率與指數報酬率』列出以台灣投資人可以在台灣交易的各種市場型ETF、追蹤整體市場指數的各國共同基金，及各國主權指數數金。請注意，本系統無法即時更新『目標報酬率與指數報酬率』。目標報酬率必須介於0與30%之間，如果超過這個區間，系統會請您調整理財計畫。您的『目標報酬率』會出現在介於兩個最接近的指數平均總報酬率(年化)中間，如果高於表中所有的指數平均總報酬率(年化)，表示無法在台灣找到一種市場指數型基金符合您的報酬率需求；如果『目標報酬率』低於表中所有的指數平均總報酬率(年化)，表示您能在台灣找到的市場指數型基金都比您的目標報酬率高，在這兩種情形下，本系統建議您重新做理財規劃，找到一個比較適合的報酬率，不過也可以繼續進行資產配置。

理財規劃檢查結果　目標報酬率　**預期累積財富**

預期財富累積曲線出您未來的財富狀況，『期初投資—市場指數』將依本系統參考台灣股市的歷史報酬率所給定的市場報酬率累積，『期初投資—存款』與每年的可儲蓄所得以理財計劃的『目標報酬率』累積。本系統假設目標到期前一年就必須累積足夠的財富，因此，扣除人生目標到期前一年的目標額現值後，每一年的累積財富金額會顯示在財富累積圖中。退休後的財富改變狀況也會會於圖中顯示。請注意，報酬率有不確定性，未來實際累積的財富可能高於或低於圖中的金額，請進入風險區了解您的風險，並參考本系統建議的方法做風險管理。

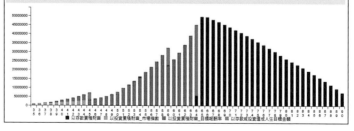

理財目標報酬率

「目標報酬率」是系統依據人生規劃內容，計算出來為了達成人生目標，每年可儲蓄所得必須得到的報酬率，在前面的第 3 堂和第 5 堂課，都說明報酬率與風險有正向的關係。在系統的「目標報酬率與指數報酬率」表中，會列出各種在台灣可以交易的「市場型」指數共同基金及 ETF，還有投資等級以上的債券型 ETF 的歷史年平均報酬率與標準差。至於尚未在台灣上市達四年以上的投資標的，由於歷史資料不足，不會列於此表中。

本系統除了盡量納入在台灣可以交易的「市場型」指數型基金所追蹤的指數於「目標報酬率與指數報酬率」表中，也包含了投資等級以上的債券指數型基金，通常這些債券指數型基金的報酬率比股票低，風險也比較低。本系統納入這些標的於「目標報酬率與指數報酬率」表中，目的是讓讀者了解是否是可以方便地達到的目標報酬率。「方便」的意思是投資人可以很方便地投資於指數型基金，得到與指數差不多的報酬率，不需要經過耗時的選擇基金的過程。本系統不保證所有在台灣可以交易的市場型指數基金或債券型 ETF 都已納入「目標報酬率與指數報酬率」表，而且無法隨時更新此表，基本上，如果某指數的公開資料不方便獲得，或者沒有四年以上的歷史資料可

以估計報酬率與風險，即無法被納入。

我們在前面曾說明投資組合風險可以經由分散投資標的而降低，談資產配置時也說，把投資金額分配在有風險的投資標的與沒有風險的定存裡（嚴格講，定存當然還是有一些風險）除了可以加強分散風險的好處，還可以管理最高可忍受風險（又稱為目標風險）。目標風險指的是當理財目標到達時，有可能儲蓄到的財富太低，無法達成執行這個目標的最小需求的風險，譬如出國留學時最少一定要存到的金額。最直接管理目標風險的方法就是在「人生目標表」中設定人生理財目標時，指定該目標必須用定存達成的金額，但是這樣會造成儲蓄能投資在其他風險性標的金額減少，不利於達成別的目標。另外的方法即是以投資達成目標，承擔某些到時無法達標的風險，但是用資產配置管理這個風險。在「目標報酬率與指數報酬率」表上方，你會看到一條圓點線，線左端的藍色數字是「目標報酬率與指數報酬率」表中年平均報酬率最低的投資標的之報酬率，線右端的藍色數字是「目標報酬率與指數報酬率」表中年平均報酬率最高投資標的之報酬率，紅色數字是你的目標報酬率，這條線讓你知道你的報酬率是否能方便地以指數投資達成，你也可以往頁面下方移動，查看「目標報酬率與指數報酬率」表中低於或高於你的目標報酬率的投資標的之報酬與風險。

如果目標報酬率高於表中最高的指數報酬率，表示一

般人不容易達到這種報酬率，如果低於表中的最低的指數報酬率，表示你的目標報酬率可能太低了。如果你居住在台灣，雖然應該做國際投資分散風險，但也應該有部分投資分配於追蹤台灣指數的投資標的上，本系統建議你注意台灣的股價指數報酬率與風險，由於沒有追蹤台灣債券指數的 ETF，你可以考慮以台灣的一年期定期存款利率當成是台灣債券指數 ETF 的報酬率。

檢視預期目標報酬率

　　「目標報酬率與指數報酬率」表中的報酬與風險數據僅供參考，並不表示你將來一定能獲得與過去同樣的報酬率，適合一般人的投資方法不是選到萬無一失的指數基金或 ETF，而是採取第 1 堂課談到的八喜法則，強調分散風險與指數投資，這個必須經過資產配置實踐，本書的第八堂課已介紹過適合你的資產配置方法。

　　「目標報酬率與指數報酬率」表所顯示的報酬率為含現金股息的報酬率，如果想要有類似的報酬率，請記得將未來領取的現金股息再投資。美國過去 100 年的報酬率大約 11％，如果你住在台灣，以台幣消費，應當會想把部分投資分配於追蹤台灣股市的標的上，由於台灣證交所發行量加權指數自 1967 年（民國 56 年）開始編制，台灣的經濟發展已比當時成熟許多，未來要有像以前一樣高的報酬率的機會不高，考量台灣 50 指數自 2002 年開始編制，迄今報酬率為 12％左右，你可考慮將目標報酬率訂於定存利率與 12％之間。如果你的目標報酬率高於 12％，表示你僅能投資於像印度、巴西、印尼等新興國家指數中，而不能投資於台灣或美國市場，可能承擔過高的風險，反之，如果目標報酬率低於 12％，你可以選擇同時投資於新興與已開發市場中，拿到分散風險的益處。

　　你的目標報酬率也不應低於定存利率，因為這是你最起碼可以拿到的幾乎沒有風險的報酬。請注意，本系統的目標報酬率計算範圍在 0 與 30％之間，由於投資人要達

到平均每年 30％以上的報酬率是不可能的，因此只要人生理財規劃需要超過 30％的目標報酬率才能達成，本系統會告知這種狀況，請你調整規劃，如果目標報酬率在 0 以下，系統也會通知你調整規劃。

　　如果認為目標報酬率太高，必須承擔太高風險，你可能會想調降目標報酬率；如果認為目標報酬率太低，願意承擔比較高的風險，你可能會想調升目標報酬率。你可以在「夢想區」中學習如何調整目標報酬率。當你做完資產配置後請點擊「夢想區」，會看到可儲蓄所得增加或減少對目標酬率的影響，如果儲蓄增加，目標報酬率會降低，如果儲蓄減少，目標報酬率會增加，所以可以藉由增加儲蓄降低目標報酬率，減少投資風險；可以藉由降低儲蓄增加目標報酬率，增加投資風險。

　　因此，如果有其他方法能夠讓儲蓄增加，就能降低目標報酬率，例如所得增加、日常花費減少、人生理財目標降低（也是一種花費減少的形式）；如果有其他方法能夠讓儲蓄減少，就能增加目標報酬率，例如所得減少、日常花費增加、人生理財目標提高（也是一種花費增加的形式）。

　　增加所得不是一朝一夕即可達成，但是只要一步一腳印的努力工作，所得持續性的增加是必然的，每當所得增加，請修訂人生理財規劃，會發現以前認為達不到的目標，不再是遙不可及，這就是「全人均衡理財」的精義：

經由努力工作，改善人生理財規劃，用適當的資產配置實踐規劃，人生就會愈來愈美好。

調整理財目標報酬率

如果想調整人生理財目標，請回到「預期財富」之前的規劃步驟，找到了適合的目標報酬率之後，就可以開始規劃資產配置，完成人生理財規劃。做完增產配置之後，你會看到「退休分析年度表」與「風險分析年度表」，更深切了解投資風險對你的影響，屆時你還可以在確定人生理財規劃之前再調整目標報酬率。

資產配置

對願意長期投資，而且認知擇時與選股非常困難的投資人而言，定期定額是一種適合的投資方法。因為「定期」投入一個固定金額，投資人沒有需要擇時，加上固定金額，不會因為看好而加碼，看壞而減碼。

選擇投資標的

考量流動性、透明度等因素，「全人均衡系統」請你

考慮指數型投資，將資產配置與證券選擇整合在一起的，同時選擇資產類別與投資標的，在這個系統中的「資產配置」有二種選項：「資產配置－ DCA」和「資產配置－自填」。這裡 DCA（dollar cost averaging）的意思是就是「定期定額」，也就是以固定期間和固定金額投資你的儲蓄；這二種類型的說明如下表：

二種指數型投資標的

類別	可選擇之標的	備註
資產配置－ DCA	包含所有在台灣掛牌或上架可以投資到的 ETF、共同基金、股票、REITs、ETN 等，但是不包括期貨或選擇權等衍生性商品。這些標的之報酬率及標準差的計算是根據歷史資料，本系統不保證資料或計算的正確性，更無法保證可以代表未來的報酬率與風險，你必須依自己的風險偏好及預期選擇投資標的及投資時點。	網站系統因歷史資料不足，及無法即時更新標的，因此項目不完整。
資產配置－自填	「DCA」以外的標的，或是想經過複委託（Sub-brokerage）以及其他管道投資在海外市場的標的，就可在「自填」區域中填入國內外任何標的，但是必須提供相關資料，例如標的名稱、自己認為可以達到的報酬率、投資金額等。	若系統中找不到想要投資的國內標的，也可以在此處自行填入標的。

　　雖然大家可以依照自己的擇時與選股偏好，不過定期定額加上市場型的指數型投資符合八喜法則的精神，最適合為了達成人生規劃目標的長期投資人。

最低投資門檻需考量交易成本

　　當你進入「全人均衡系統」的「資產配置－DCA」區域中，第一個需要填的數字就是「輸入標的通路 DCA 最低投資門檻」，這是你往來的金融機構的最低投資金額，或是你自訂的最低交易金額，兩者中取較高者。

　　如果你經由金融機構定期定額投資，金融機構通常會要求每次投資的最低金額，例如基金公司可能要求每筆投資不低於 3,000 元，券商要求幫你執行每月買一支 ETF 的最低投資金額為 1,000 元等，這些最低投資金額因金融機構而異。你必須在金融機構開戶並協議投資方法（例如定期定額的頻率及金額），才能執行資產配置。

　　除了金融機構的最低投資金額要求外，交易成本也可能會有所影響。交易成本包含買入（或申購）及賣出（或贖回）時必須支付的費用及賦稅，例如經過券商買入股票必須支付經紀手續費，賣出必須支付手續費及交易稅，共同基金可能有基金申購及贖回費用等。以現在台灣的經紀手續費結構觀之，因為券商收取的最低手續費為 1 元，如果買入的手續費是每次交易的金額的 0.1%，最低投資門

檻即最好不低於 1,000（1÷0.001）元。而經由海外金融機構交易，手續費收取的方式不一，應先了解後再決定每次交易金額。

　　請將金融機構要求的最低投資金額，與考慮交易成本後的最低投資金額做比較，取較高者來填，「全人均衡系統」會依據你所選擇之投資標的之歷史資料，讓分配在每一個投資標的中的金額，限制在你填入的最低投入金額之上，估算你在每一個標的中投資的權重與金額，使投資組合的報酬率最接近你的目標報酬率，而且風險相對最低。

如何設定投資金額

　　接著請填寫「輸入投資金額」欄位，這裡請先檢視「理財規劃檢查表」，了解你可以開始投資的歲數及金額。你有可能因為有必須立即償還的負債、非得先存好的生活金、有必須用存款達成的理財目標金額等，造成無法在理財規劃的第一年就開始投資。如果在理財規劃的第一年就可以投資，**請將投資金額除以每年定期定額的總頻率（例如每月兩次，一年即為 24 次），計算出每次投資的金額**，譬如每年可以投資 12 萬，每次投資額即為 5,000 元（120,000÷24=5,000），請將該金額填入「輸入投資金額」欄位。

　　如果你有上述原因須等到以後才能投資，請先處理好

進行核心資產配置

[美滿人生區]
資產配置

1. 『資產配置』是把資金分配在無風險及各類有風險的資產上，形成投資組合。無風險的投資是受存款保險保護的定存(當然，實際上還是有很低的風險)，各類風險性資產包含公債、公司債、股票、預有金屬、大眾物富等等；

2. 風險指的是資產報酬率的不確定性，風險高的資產的實際報酬率可能比歷史平均報酬率高很多或低很多。本系統以報酬率的標準差作為風險的衡量指標，如果想要深入了解風險與資產配置，請閱讀本系統所附的書籍；

3. 一般而言，配置在風險性資產的資金比例愈高，投資組合的平均報酬率愈高，但風險亦愈高；相反地，配置在無風險資產的比重愈大，投資組合的風險愈小。投資組合的平均報酬率也會降低，而無高風險資產是投資組合的風險下限，投資組合的價值愈趨近也會是無風險資產的價值；

4. 本系統的『資產配置』功能，允許您挑選在台灣可以投資之標的，但不包含衍生性商品，本系統無法保證包含了所有的可投資標的，無法隨時更新標的，你不保證資料的正確性與即時性，本系統根據您的目標報酬率及所挑選的投資標的之歷史報酬率與風險，計算能以最低風險達到目標報酬率的資產配置，請注意，未來的實際報酬率不見得會與過得去的歷史一樣，而且本系統不保證資料與計算的正確性；

5. 一般人不擅於操時或選股(基金)，可優先考慮使用『資產配置-DCA市場型』功能，以定期定額方式(DCA)，選擇投資市場指數型ETF或基金。您當然也可以使用『資產配置-DCA所有』功能，以定期定額方式(DCA)，選擇投資本系統包含之所有標的，如果要投資於本系統未包含的國內外標的，請使用『資產配置-自填』功能，不過因為本系統乏您選擇的投資標的之資料，請自行填入您認為的未來報酬率數字及資金分配在不同標的之百分比，請注意，自填的投資組合平均報酬率雖與目標報酬率一致，但是風險可能與市場報酬率不一樣。

資產配置-DCA　　資產配置-自填

在『資產配置-DCA所有』功能中，您可經過金融機構或自行以定期定額方式投資於台灣上市、櫃交易的投資標的、上架的基金及『定存』。本系統根據您的目標報酬率及所挑選的投資標的之歷史報酬率與風險，考慮定時定額最低投資金額門檻，計算能以最低風險達到目標報酬率的資產配置，請注意，越為投資的標的的數目，受理愈複雜的配置型態，所選擇的之區域也已就越包含愈多區域為哪，則布多的人愈可以做適度的分散風險。您可在以下的風險分中不了解風險，也可以參考本系統所附的書籍，了解風險管理及資產配置，請注意，未來的報酬與異不確性，本系統不保證計算的正確性、您所選的投資標的不一定受限於相同的定期定額最低投資門檻金額，請讀寫其中門檻最高的金額，系統依該金額計算最適的投資組合，如果您的投資標的是『市場指數型基金或ETF』，或者不應為分數基礎的投資標的，可能也不適合以『長期持有』之方式做投資，您需要經常關注這些標的之狀況。

＊輸入標的適路DCA最低投資門檻 ⓘ說明

[0]

＊輸入投資金額 ⓘ說明

[0]

目標報酬率 ⓘ說明

0.097

投資組合年報酬率 ⓘ說明
計算資產配置金額後產生

投資組合風險 ⓘ說明
計算資產配置金額後產生

投資組合成分 ⓘ說明
計算資產配置金額後產生

如果『目標報酬率』小於此市場報酬率，可以找到指數型共同基金或者是在交易所交易的股票指數型基金(稱為ETF)做資產配置，達成『目標報酬率』。原則上，應該先考慮居住所在地的市場型基金，當所得是國增加之後逐步做全球的資產組合分散風險，但是如果『目標報酬率』大於此市場報酬率，就必須自己選擇投資標的了，請記憶，資產配置簡單愈好，可節省管理投資組合的時間，而且擇該以最散風險，長期投資，定期調整分投資之方式投資，讓個人易辨擇投資效的報酬率，您也可以選擇融入其它在台灣交易的被動型且分數風險的共同基金、ETF，與在存間做資產配置；也可以自行決定投資金額與投資標的，例如股票，只要是在台灣掛牌交易的標的，本系統即能提供較多的資訊，如果您從本系統的清單中選擇指定標的，可以前往『風險分析年度表』，中查看風險對您的財富，能否達成理財目標、退休後生活可能產生的影響。請注意，本系統不保證資料的正確性即時性、未來的實測報酬率不見得會與過得去的歷史一樣。

ⓘ 目前您可選多選擇25類投資標的

+ 新增資產-ETF_市場指數型　+ 新增資產-共同基金_市場指數型　+ 新增資產-國內基金_固定收益型　+ 新增資產-國內基金_股票型

+ 新增資產-國內基金_平衡型　+ 新增資產-國內基金_指數型　+ 新增資產-國內基金_其他類型　+ 新增資產-境外基金_股票型

+ 新增資產-境外基金_固定收益型　+ 新增資產-境外基金_平衡型　+ 新增資產-境外基金_其他類型　+ 新增資產-股票_上市

+ 新增資產-股票_上櫃　+ 新增資產-股票_興櫃　+ 新增資產-ETF_上市　+ 新增資產-ETF_上櫃　+ 新增資產-ETN_上市

+ 新增資產-ETN_上櫃　+ 新增資產-REITs_上市

標的名稱	標的代號	歷史年化月報酬率	報酬率標準差	操作
		暫無選擇任何投資標的		

☑ 計算資產配置金額　ⓘ 本系統依歷史資料及你選擇的標的計算資產配置金額，不保證計算的正確性或對未來的適用性

欲存資產配置結果後續請產生『提供分析年度表』與『進險分析年度表』

🖨 查看報告書

基本資料	儲蓄能量	年度儲蓄	財富表	生活金	人生目標	預期財富	資產配置	夢想	結束規劃
1	2	3	4	5	6	7	8	9	10

負債、生活金等事項，等到可以投資的歲數來到時，再進入系統做資產配置。請記得，要隨主客觀情境，改變更新人生理財規劃，比方所得增加時，你可以開始投資的歲數就會提前。

即使在理財規劃的第一年就可以投資，而且第一年中未更新人生理財規劃，可是每年的可投資金額還是會變動，請於下一年度前進入系統以「理財規劃檢查表」顯示的可投資金額做資產配置。也就是即使主客觀狀況未改變，只是增長了一歲，因為可投資金額變動了，每年起碼要重新做資產配置。建議每次進入本系統時，都應盡量反映最新的主客觀狀況（例如所得增加了）在「基本資料表」「儲蓄能量表」與「財富表」中，產生新的人生理財規劃，據以做資產配置。

接下來請在頁面的中間點選你想投資的資產類型，進入之後你可以直接在網頁上點選投資標的，或者在搜尋欄位中填入標的代號，系統會顯示你要選擇的標的，請注意，你最多只能選擇 25 個標的，點選後請按「關閉視窗、返回資產配置」進入原資產配置畫面，然後點選「計算標的投資金額」。系統會依你給的最低投資門檻、投資金額、目標報酬率、風險，計算在每一標的中應投資的金額，達到你的目標報酬率。你可以在「輸入投資金額」下方檢視計算結果。系統計算的時間會與標的數目成正比，如果你是投資市場指數型標的之被動型投資人，你不需要

投資於許多標的就會有很好的分散風險效果。

　　做完資產配置後，請點選「查看報告書」，了解規劃結果及風險。

看懂交易績效

　　決定資產配置後，就必須立即起而行，堅定的執行定期定額，長期投資在選定的標的上。一旦你開始投資後，可以多利用「全人均衡系統」的「交易績效」功能，了解投資績效是否與人生理財規劃的預期一致。當你執行一段時間後，也許就會發現，這種被動、定期定額、長期投資的方式，會比積極型的擇時與選股方式的結果更好。

　　買入投資標的後，請進入你的人生規劃區的「交易績效」區記錄交易內容，你也許會覺得這件事情有些繁瑣，但是持之以恆將有很大的效益，當你記下執行人生理財規劃時的所有交易，系統會每日更新投資組合至前一日收盤的投資績效，你可以看到每一個投資標的總成本（包含買入成本及所有相關的費用等）、價值、帳戶報酬率及內部報酬率。

　　「帳戶報酬率」代表的是投資總期間獲利（損失）與總成本的比率，不考慮獲利與成本發生的時點，「內部報酬」率代表迄今每年的複利報酬率，與第五堂課介紹的幾何平均報酬率的概念一致。系統也按投資方式（例如現

買）、資產類別、投資地區、交易幣別等彙總投資績效，以及整個投資組合的總績效。如果你按人生理財規劃的目標報酬率做資產配置，當實際內部報酬率比目標報酬率大時，表示財富累積狀況符合預期，反之，要等到未來更好的時點，內部報酬率才會比規劃的目標報酬率大。如果你採行的理財方法是「八喜法則」，應該已經有「等」的能力，可以等待更好的時機。

你可以點選「交易紀錄」查看所有的歷史交易紀錄，本系統雖然不允許更改已經記錄過的交易資訊，但是你可以刪除某一筆錯誤記錄後，再將正確的交易資訊新增上去。你只能填寫系統有維護之標的，本系統無法即使更新有維護之標的，造成你的不方便，請見諒。

請特別注意，你如果刪除一個理財規劃，與該規劃相關的「交易績效」紀錄也會被刪除，因此千萬不要刪除你用來做長期交易績效紀錄的理財規劃。

盤點資產庫存

當做好規劃，執行一段時間後，也許會需要了解成果，為調整資產配置做準備，這時你可以利用資產庫存功能，紀錄自己有的產資類別與價值，知道有多少資產可以調整（變現）。只要進入人生理財規劃區或輔助工具區中

就可以開啟資產庫存功能，接下來先說明資產庫存的填寫與功能。

「資產庫存」功能幫助你全面管理不同類別的資產，你可以隨時更新資產項目與價值，尤其在需要變現資產前，應更新資產庫存，才能有效使用「資產配置調整功能」，決定如何變現資產。第一次使用「資產庫存」功能時，一定覺得很繁瑣，不過以後更新時就會簡易多了，而且填完之後很有成就感，因為可以從不同角度對自己的資產狀況有全盤的了解，例如每一項資產占總資產的比例、不同類別資產的金額與比例、與不同金融機構往來的金額與比例等。

在三個人生區中都有「資產庫存」功能，以美滿人生區為例。如果是第一次使用「資產庫存」功能，在美滿人生區中點擊「資產庫存」後，請點擊「＋美滿人生資產庫存」，進入「輸入工具」區中填寫一個新增資產的相關資料。完整的資產庫存管理，需要填寫詳細的資料，例如資產代碼、資產名稱、在財富表中的資產分類、資產類型、幣別、單位價格、單位數、匯率等。接著請點擊「＋金融機構（通路）」選擇該資產的往來金融機構，如果找不到金融機構名稱，請進入「輔助工具」的「資產通路」中自行新增通路。請注意，本系統將不同的資產代碼、資產名稱、在財富表中的資產分類、資產類型、幣別、往來金融機構當成不同的資產，以便於為你分類及分析資產。

確定新增資料的正確性後，請點擊「確認送出」，請務必填寫「資產庫存表名稱」，通常只需要一個資產庫存表，不過本系統讓你因不同呈現目的，可以有多個資產庫存表，但是名稱必須不同。如果你不是第一次使用「資產庫存」，而且已經有一個資產庫存表，如果要新增或修改庫存，請在進入「資產庫存」後，點選一個既存庫存表，再點選要修改的資產的內容，也可以點擊「輸入工具」，增加新的資產。本系統鼓勵您鉅細靡遺地填寫資產庫存，了解資產價值是否符合人生理財規劃進度，同時可以有效地進行資產配置的調整。

資產配置調整

當資產庫存已經更新後，如果有人生理財目標要到期，或者突然需要花費一筆不在原來規劃中的錢，請進入美滿人生區中開啟「資產配置調整」功能，接著請點選「前往資產配置調整」，你會看到最近填寫的庫存表已經被帶入到資產配置調整的環境中。如果你在資產庫存中有兩個以上庫存表，可以選擇帶入一個庫存表，之後點選「顯示」，檢視核心資產與非核心資產的內涵，兩者就是你現在擁有的投資組合之投資標的集合。

接下來系統會有訊息顯示，核心資產的價值是否超

過在現在的時點你應該累積到的財富金額（人生理財規劃的預期財富累積金額），幫助你做適當的資產配置調整決策。你的資產配置調整的方式可能會因訊息內容而不一樣。

調整資產配置

資產配置調整區給你彈性決定要執行的目標金額為多少。你可以先點選「顯示（理財目標）」，回顧原來規劃中的人生理財目標項目及金額，或者回到原來的人生理財規劃中檢視人生理財目標，之後在「請輸入您的目標金

額」欄位中填入你這次想要執行的目標金額，金額可以與原來規劃的目標金額不同。你當然也可以為了需要支出一筆在原人生理財規劃中沒有規劃過的目標金額，這種情形下的資產配置調整流程，與要執行一個有規劃過，即將到期的目標是一樣的。

接下來就進入資產配置調整的決策過程了，你需要先思考是否要以非核心（衛星）資產的一部分支付目標金額，原則上，因為核心資產是為了達成人生理財目標所做的投資，比衛星資產重要，因此如果市況允許，而且衛星資產的變現價格是可以接受的，本系統建議優先處分衛星資產，支付目標所需，請將該想要變現的衛星資產金額填入「請輸入您欲變現的非核心資產金額」欄位中。

接著你會見到以下的訊息：「（一）為了支應您的理財目標，你必須變現部分核心資產；（二）變現後，您的核心資產餘額 xxxx 元低（高）於支付理財目標金額後的計畫預期累積財富 yyyy 元」，意思是，如果你變現核心資產，支應了到期的目標金額後，會剩下 xxxx 元的核心資產價值，為以後的人生理財目標累積財富，這個訊息提醒你，執行這個目標後剩下的核心資產價值 xxxx 元，是否大於原來人生理財規劃的預期累積財富 yyyy 元，如果低於，對達成原來的人生理財規劃可能會有負面的影響。

在定案本次要執行的目標金額之前，本系統建議你回到人生理財規劃功能中，考慮變現部分或全部衛星資產、

這次想要支出的目標金額、主客觀條件的改變等，為未來做一個新的規劃，在新規劃中可以考慮按原目標金額規模執行、將這次的目標延後執行、縮小目標金額規模、是否舉債支應部分目標金額等。請注意，如果調整資產配置的目的是要執行一個在原先的人生理財規劃中的人生理財目標，在重新規劃時，應把這個目標在新規劃中移除。當確認了新的規劃後，請在「資產配置調整」區中的「請輸入您的目標金額」欄位中填入確定的目標金額。請注意，新規劃的「期初投資」就是支應了填寫的目標金額後，剩下的核心資產價值。

如果即使將所有的核心資產變現，也無法支應本次目標金額，「為達成理財目標您需要舉債」欄位會顯示必須要舉債的金額，由於為了支應目標而借錢會影響未來的人生，本系統建議你再回到人生理財規劃功能中，分析自己能接受的舉債水準，在這個規劃過程中考慮變現部分或全部衛星資產、這次計畫要支出的目標金額、主客觀條件的改變等。這個過程其實就是在做一個新的人生理財規劃，請注意，如果調整資產配置的目的是要執行一個在原先人生理財規劃中的人生理財目標，在重新規劃時，應把這個目標在新計畫中移除。當你確認了新的規劃後，請在「資產配置調整」區中的「請輸入您的目標金額」欄位中填入確定的目標金額。請注意，新規劃的「期初投資」就是支應了目標金額後，剩下的核心資產價值。

設定資產配置調整策略

「全人均衡系統」會依據你要的資產配置調整比例計算出每一投資標的應該賣出的金額。「全人均衡系統」提供三種資產配置調整選項：「最接近自選權重的資產配置」「最接近原始權重的資產配置」「自行輸入賣出金額的資產配置」，以下逐一說明這三種選項。

最接近自選權重的資產配置

如果選擇「最接近自選權重的資產配置」，你可以設定自己的資產配置調整比例，核心資產中非存款權重（原始）欄位顯示投資組合現在的非存款與存款間的資產配置比例，下方有一條橫線，你可以將線上的紅點移動，決定為了支應目標支出所做的資產配置調整後，新的核心資產中非存款相對於存款的配置比例。點擊紅點後，「核心資產中非存款權重（自選）」的欄位中會顯示你想要核心資產比重。接著請在「資產庫存表名稱」欄位中填入資產配置調整後，新資產庫存的名稱。請點擊滑鼠，下方的表格內會顯示新資產配置的結果，所有的投資標的會依所屬的非存款權重與存款權重等比例調整。如果你有在「請輸入您欲變現的衛星資產金額」欄位中填寫金額，請記得在下方的表格內的非核心資產中選擇要出售的衛星資產項目及

金額，這些金額的加總應與「請輸入您欲變現的衛星資產金額」的金額一樣。

　　你可以隨意移動紅點，直到有滿意的比例為止。當紅點的權重與原始權重一樣時，你採取的是買進持有策略，當紅點的權重比原始權重高時時，你採取的是正回饋交易策略，當紅點的權重比原始權重低時，你採取的是反向交易策略。你也可以直接在新的核心資產中非存款權重（自選）欄位中填入想要的資產配置比例。你會看到所有投資標的在「庫存表」中之資訊、現在的原始權重、資產配置調整後需要賣出的金額以及新權重。「希望的賣出金額」是依照新資產配置必須賣出的金額，「最接近的賣出金額」是依照新資產配置比例必須賣出的金額以及投資標的之單位價格，計算出可以賣出整數單位的賣出金額。

最接近原始權重的資產配置

　　「最接近原始權重的資產配置」就是買進持有策略，只要點選它，系統就會計算出表中的資訊。你還是需要給一個新的「資產庫存表名稱」。

自行輸入賣出金額的資產配置

　　如果你不希望系統按權重比例計算表中的資訊，可以點選「自行輸入賣出金額的資產配置」填入你每一資產想

要賣出的金額，系統會依你輸入的金額計算表中其他的資訊，你需要注意的是，標的資產的總賣出金額決定之後，核心資產剩下的金額要與之前訊息顯示的核心資產餘額一致。請記得，你需要給一個新的「資產庫存表名稱」。

做完資產配置調整後，可以將結果產生一個新的資產庫存，請點選「將結果新增至資產庫存（預設通路為其他金融通路）」，你也可以依據這個新增庫存再進入人生理財規劃區，調整剛剛做的新規劃。由於新的庫存表可能與剛剛做的新人生規劃的期初投資不同，你很可能會看到人生規劃結果有些改變了，由於規劃的功能是指引未來可儲蓄所得的資產配置方向，有一些改變不會有太大的影響，你可以開始執行資產配置調整與新的人生理財規劃。但是如果覺得改變很大，可以考慮修改資產配置的調整，再做一次人生理財規劃，直到找到自己可以接受的規劃為止。

最後，請點選「產生資產配置調整報告書」，檢閱你的資產配置調整策略的結果及系統的建議。

註釋

註 1　https://www.bli.gov.tw/0012942.html

註 2　https://www.dgpa.gov.tw/links?uid=42

註 3　由於目標報酬率只估計到小數點第三位，無法精確計算累積財富金額，為了達到目標所累積的財富與人生目標金額間會有些誤差，因此有時還會有一些綠色的部分。

財經企管 BCB794

一生金錢無虞平衡理財法

作者 —— 周行一

總編輯 —— 吳佩穎
副總編輯 —— 黃安妮
責任編輯 —— 陳珮真
封面設計 —— 鄒佳幗
圖表製作 —— 邱意惠、張靜怡、中原造像
內文排版 —— 張靜怡、楊仕堯

出版者 —— 遠見天下文化出版股份有限公司
創辦人 —— 高希均、王力行
遠見・天下文化 事業群榮譽董事長 —— 高希均
遠見・天下文化 事業群董事長 —— 王力行
天下文化社長 —— 林天來
國際事務開發部兼版權中心總監 —— 潘欣
法律顧問 —— 理律法律事務所陳長文律師
著作權顧問 —— 魏啟翔律師
地址 —— 台北市 104 松江路 93 巷 1 號 2 樓
讀者服務專線 —— (02) 2662-0012 | 傳真 —— (02) 2662-0007；(02) 2662-0009
電子郵件信箱 —— cwpc@cwgv.com.tw
直接郵撥帳號 —— 1326703-6 號　遠見天下文化出版股份有限公司

印刷廠 —— 中原造像股份有限公司
裝訂廠 —— 中原造像股份有限公司
登記證 —— 局版台業字第 2517 號
總經銷 —— 大和書報圖書股份有限公司　電話／ (02) 8990-2588
出版日期 —— 2023 年 5 月 31 日第一版第 1 次印行
　　　　　　2023 年 11 月 23 日第一版第 4 次印行

定價 —— NT 480 元
ISBN —— 978-626-355-249-4
EISBN —— 9786263552524（EPUB）；9786263552593（PDF）
書號 —— BCB794
天下文化官網 —— bookzone.cwgv.com.tw

國家圖書館出版品預行編目（CIP）資料

一生金錢無虞平衡理財法 = Balanced and
holistic investment for a fulfilled life ／周行
一著. -- 第一版. -- 台北市：遠見天下文化
出版股份有限公司, 2023.05
　面；　公分. --（財經企管；BCB794）
　ISBN 978-626-355-249-4（平裝）

　1. CST：個人理財　2. CST：風險管理

563　　　　　　　　　　　112007920

天下文化
BELIEVE IN READING